Lilli Marlen Brill / Marion Techmer / Marketa Görgen

Deutsch üben

E-Mails, Briefe & Co

Praktische Beispiele und Übungen

Hueber Verlag

3.   2.   1.   Die letzten Ziffern
2025 24 23 22 21   bezeichnen Zahl und Jahr des Druckes.
Alle Drucke dieser Auflage können, da unverändert,
nebeneinander benutzt werden.
1. Auflage
© 2021 Hueber Verlag GmbH & Co. KG, München, Deutschland
Dieser Titel ersetzt die ISBN 978–3–19–307493–5.
Umschlaggestaltung: Sieveking · Agentur für Kommunikation, München
Layout und Satz: Sieveking · Agentur für Kommunikation, München
Verlagsredaktion: Katrin Dorhmi, Elisa Klüber und Janine Wollny, Hueber Verlag, München
Druck und Bindung: Friedrich Pustet GmbH & Co. KG, Regensburg
Printed in Germany
ISBN 978–3–19–067493–0

Art. 530_28311_001_01

Inhalt

Vorwort 4

A Das 1×1 der Korrespondenz 5
A1   Richtig schreiben 6
A2   Gut schreiben 7
A3   Gendergerechte Sprache 8
       Übungen A1–A3 10

B Briefe schreiben nach DIN 5008 11
B1   Umfang, Schriftart und Schriftgröße .. 12
B2   Briefaufbau 12
B3   Hervorhebungen 14
B4   Zeilenabstand und Maße 14
B5   Briefkopf und Absender 15
B6   Anschriftenfeld und Anschrift 17
B7   Datum 19
B8   Betreffzeile 19
B9   Anrede 19
B10 Grußformel, Unterschrift
       und Firmenname 21
B11 Anlagen und Verteiler 22
B12 Geschäftsangaben 22
       Übungen B1–B12 23

**C E-Mail-Korrespondenz und
Messengernachrichten** 25
C1   E-Mails richtig und gut schreiben 26
C2   Beweiskraft von E-Mails 26
C3   Empfängerinnen und Empfänger
       auswählen 27
C4   Aussagekräftige Betreffzeile 28
C5   Ein Sachverhalt und das
       Wichtigste zuerst 29
C6   Tipps zum guten Ton 29
C7   Anrede und Gruß 30
C8   Kurz, klar und strukturiert 31
C9   E-Mail als Begleitschreiben 32
C10 E-Mail-Versand 33
C11 Signatur 34
C12 Automatische Abwesenheitsnotiz 35
C13 Messengernachrichten 35
C14 Emoticons und Emojis 37
       Übungen C1–C14 38

D Verträge: Kündigung und Widerruf 39
D1   Kündigung 40
D2   Widerruf 41
       Mustertexte D1–D2 42
       Übungen D1–D2 46

E Bewerbung und Lebenslauf 49
E1   Papier, E-Mail oder Onlineportal? 50
E2   Bewerbungsanschreiben 51
E3   Lebenslauf 52
       Mustertexte E1–E3 54
       Übungen E1–E3 59

F Private Briefe und E-Mails 63
F1   Einladungen 64
       Mustertexte 66
       Übungen 69
F2   Danksagungen 71
       Mustertexte 71
       Übungen 73
F3   Absagen 74
       Mustertexte 74
       Übungen 77
F4   Glückwünsche 79
       Mustertexte 79
       Übungen 83
F5   Briefe und Karten
       zu Weihnachten & Co 86
       Mustertexte 87
       Übungen 88
F6   Kondolenzbriefe 89
       Mustertexte 90
       Übungen 91

G Geschäftskorrespondenz 93
G1   Anfrage 94
       Mustertexte 95
       Übungen 97
G2   Angebot 99
       Mustertexte 100
       Übungen 102
G3   Auftrag und Auftragsbestätigung 103
       Mustertexte 105
       Übungen 107
G4   Reklamation 109
       Mustertexte 110
       Übungen 112
G5   Rechnung, Zahlungserinnerung
       und Mahnung 114
       Mustertexte 116
       Übung 120

Anhang 121
Lösungen 128

Vorwort

Liebe Deutschlernende,

welche Anrede steht zu Beginn eines Briefes und welche Grußformel steht am Ende? Wie formuliere ich Einladungen, Glückwünsche oder Kündigungen, Bewerbungsanschreiben, Reklamationen ...?

Auf diese und andere Fragen zum Thema Korrespondenz bietet *Deutsch üben* **E-Mails, Briefe & Co** praxisgerechte Antworten, wenn Sie Deutsch lernen und ein solides Basiswissen haben oder wenn Deutsch Ihre Muttersprache ist und Sie Ihr Wissen über die schriftliche Korrespondenz im geschäftlichen und privaten Bereich erweitern möchten.

In *Deutsch üben* **E-Mails, Briefe & Co** finden Sie

- ein **1x1 der Korrespondenz**,
- **Tipps** zu den wichtigsten **DIN-Regeln** und **Textbausteinen**,
- einen **praktisch orientierten Teil** zur Privat- und Geschäftskorrespondenz mit vielen **Mustertexten** und praxisnahen Tipps,
- zahlreiche **Übungen und Schreibaufgaben** zur Einübung der wichtigsten Textformen,
- einen **Anhang** mit den Regeln der Rechtschreibung, mit wichtigen Abkürzungen und Hinweisen zur Schreibung von Zahlen,
- einen **Lösungsteil** mit Beispiellösungen zu den Schreibaufgaben.

Viel Freude und Erfolg mit *Deutsch üben* **E-Mails, Briefe & Co** wünschen Autorinnen und Verlag

A

DAS 1×1 DER KORRESPONDENZ

A1	Richtig schreiben	6
A2	Gut schreiben	7
A3	Gendergerechte Sprache	8
	Übungen A1 – A3	10

A Das 1×1 der Korrespondenz

Ob Sie ein Angebot einholen, eine fehlerhafte Rechnung beanstanden, eine Ware reklamieren, eine Bewerbung schreiben, der Versicherung eine Änderung mitteilen, einen Vertrag kündigen, eine Einladung zum Geburtstag entwerfen oder zur Hochzeit gratulieren möchten: All dies sind Anlässe, bei denen man im Berufs- und Privatleben schriftlich kommuniziert.

In den letzten Jahren hat der Anteil von Briefen auf Papier zugunsten der E-Mail-Kommunikation immer mehr abgenommen. Doch auch wenn eine E-Mail häufig praktischer, kostengünstiger und schneller ist, gibt es Gelegenheiten, in denen die Papierform sinnvoll oder notwendig ist. Dies gilt vor allem für das Versenden von Verträgen oder Kündigungen, bei denen aus rechtlichen Gründen die sogenannte Schriftform erforderlich bleibt. Das bedeutet, der Brief muss eigenhändig unterschrieben sein. Aber auch beim Versand von Materialien, bei Dankschreiben oder Glückwünschen sind Postbriefe in vielen Fällen das Medium der Wahl.

Besonders bei Rechnungen und Angeboten bietet sich eine Zusammenführung von Brief und E-Mail an: Das heißt, die Dokumente werden in einem Schreibprogramm als Brief erstellt, dann als PDF gespeichert und elektronisch versandt.

Was können Sie dafür tun, dass die Empfängerinnen und Empfänger Ihre Korrespondenz gerne lesen? Beachten Sie die folgenden Empfehlungen.

Richtig schreiben

Korrekte Rechtschreibung

Achten Sie bei Ihrer Korrespondenz auf eine korrekte Rechtschreibung. Denn ein Brief oder eine E-Mail hinterlässt nur einen guten Eindruck, wenn nicht nur Inhalt und Form, sondern auch die Rechtschreibung stimmen. Im Anhang finden Sie einen Überblick über die wichtigsten Regeln. Dort können Sie im Zweifelsfall nachschlagen.

Oft haben Sie die Möglichkeit, zwischen zwei Schreibweisen zu wählen. So können Sie beispielsweise einige Fremdwörter der deutschen Schreibung anpassen oder auch nicht: *Exposé/Exposee*. Varianten gibt es auch bei der Getrennt- und Zusammenschreibung – *sodass/so dass* – und bei der Groß- und Kleinschreibung – *recht/Recht haben*. Aufgrund dieser Wahlmöglichkeiten muss man häufig entscheiden, welche Schreibung man im Einzelfall verwendet. Doch welche Variante soll man benutzen?

> **Tipp**
> Das Wörterbuch Duden – *Die deutsche Rechtschreibung* empfiehlt eine Schreibweise durch gelbe Hinterlegung. Wenn Sie diese Empfehlungen umsetzen, haben Sie nicht die Qual der Wahl und schreiben einheitlich.

Regeln und Normen

Beachten Sie die Regeln und Normen zur Gestaltung von Texten. In der Norm *DIN 5008* sind die Schreib- und Gestaltungsregeln für Korrespondenz, Texte und Informationen festgelegt. Nach ihr richtet sich auch die Gestaltung von Briefen und E-Mails, die in den nächsten Kapiteln Thema sein wird.

 ## Gut schreiben

Medium auswählen

Überlegen Sie: Welches Medium passt für mein Anliegen?
Ein großer Teil der Korrespondenz kann per E-Mail erledigt werden. Bei Kündigungen bietet sich aber nach wie vor die Briefpost an, bei Glückwünschen und Kondolenzschreiben eine Grußkarte oder ebenfalls ein Brief. Besonders im privaten Bereich erfreuen sich auch Messengernachrichten großer Beliebtheit.

Prägnante Formulierung

Formulieren Sie kurz und verständlich. Fassen Sie Ihr Anliegen in möglichst kurzen, präzisen Sätzen zusammen. Vermeiden Sie komplizierte und veraltete Formulierungen. Achten Sie darauf, möglichst wenige Fremdwörter zu verwenden. Vermeiden Sie auch überflüssige Anglizismen, denn Sie wollen ja verstanden werden. Also besser: eine *Verabredung* statt ein *Date* haben, etwas *überprüfen* statt *checken* usw.

Persönliche und positive Ansprache

Achten Sie auf eine persönliche und positive Ansprache. Schreiben Sie aus Sicht der Empfängerin oder des Empfängers. Ein Beispiel dafür: *Heute erhalten Sie die bestellten Broschüren.*
Formulieren Sie positiv. Ein Beispiel: *Wir sind von 8 bis 12 Uhr und von 14 bis 17 Uhr für Sie da.* Das klingt besser als: *Von 12 bis 14 Uhr haben wir geschlossen.*
Vor allem bei unangenehmen Themen wie Mängeln und Beschwerden gilt außerdem: Bemühen Sie sich um einen positiven Einstieg und Abschluss: *Vielen Dank für Ihr Schreiben! ... Ihnen noch eine schöne Arbeitswoche!*

Lieber Aktiv als Passiv

Vermeiden Sie das Passiv. *Die Anmeldeformulare werden Ihnen nächste Woche per E-Mail zugeschickt.* Dieser Satz steht im Passiv und klingt schwerfällig und unpersönlich. *Wir schicken Ihnen nächste Woche die Anmeldeformulare per E-Mail.* Das ist derselbe Satz im Aktiv. Er ist einfacher zu lesen und klingt freundlicher. Deshalb in Briefen und E-Mails: Weg mit dem Passiv!

Lieber Verben als Nomen

Verben sind besser als Nomen. *Wir stellen Ihnen keine Fahrtkosten in Rechnung.* Dieser Satz enthält ein vermeidbares Nomen. *Wir berechnen keine Fahrtkosten.* Das ist derselbe Inhalt ohne die Wendung *in Rechnung stellen*. Dieser Satz ist verständlicher. Noch ein Beispiel: *Wir bitten um Beachtung der Fristen.* Dieser Satz wirkt schwerfällig und unpersönlich. *Bitte beachten Sie die Fristen.* Dieser Satz ist verständlicher und freundlicher. Deshalb: Vermeiden Sie unnötige Nominalisierungen.

Keine überflüssigen Superlative

Bilden Sie keine überflüssigen Superlative. Die Wörter *absolut, einzig, ideal* und *kein* sind inhaltlich die Höchststufe. Es ist deshalb unsinnig, aus ihnen Superlative zu bilden. Dies gilt auch für *minimal, optimal, total, ultimativ, vollendet*. Also nicht: *Das ist die optimalste Lösung.* Sondern: *Das ist die optimale Lösung.* Nicht: *Das ist der maximalste Rabatt, den wir Ihnen gewähren können.* Sondern: *Das ist der maximale Rabatt, den wir Ihnen gewähren können.*

Gendergerechte Sprache

Personenbezeichnungen sind in der deutschen Sprache häufig männlich geprägt. Es ist dann die Rede von *Kollegen, Lehrern, Studenten, Ärzten* etc. Der Einfachheit halber werden diese männlichen Bezeichnungen als Oberbegriff verwendet, auch wenn sowohl Männer als auch Frauen gemeint sind. Man spricht hier vom „generischen Maskulinum".

Im Zuge der Gleichstellung der Geschlechter ist die sprachliche Gleichbehandlung von großer Bedeutung. Bemühen Sie sich daher um eine gendergerechte Sprache. Sollen explizit Frauen und Männer angesprochen werden, bietet sich die Doppelnennung bzw. die verkürzte Schreibweise mit Schrägstrich oder Binnen-I an.
Sollen Menschen aller Geschlechter angesprochen, also auch die „dritte Option"* mit eingeschlossen werden, können geschlechtsneutrale Begriffe oder Kurzformen werden.

Welche Schreibweise Sie verwenden, hängt unter anderem davon ab, an welche Zielgruppe sich Ihre Korrespondenz richtet.

Vollständige Doppelnennung/Paarform

Um Frauen und Männer gleichermaßen anzusprechen, bietet sich die Doppelnennung an. Dabei werden ausdrücklich die weibliche und männliche Form genannt. Beispiele: Kolleginnen und Kollegen, Teilnehmerinnen und Teilnehmer, Ärztinnen und Ärzte.

---

* Seit Ende 2018 können intersexuelle Menschen in Deutschland außer „männlich" und „weiblich" auch die Option „divers" für den Eintrag im Geburtenregister wählen.

Verkürzte Doppelnennung/Paarform

Eine kürzere Alternative zur Doppelnennung ist die Schreibung mit Schrägstrich: *Politiker/-innen, Lehrer/-innen*. Allerdings ist eine solche Verkürzung nicht in allen Fällen möglich. Berufsbezeichnungen, bei denen sich ein Vokal ändert, werden nicht verkürzt. Sie werden in beiden Formen ausgeschrieben: *Arzt und Ärztin, Bäuerin und Bauer* etc.

Geschlechtsneutrale Begriffe

Für eine Ansprache aller Geschlechter empfiehlt sich die Verwendung von geschlechtsneutralen Begriffen, zum Beispiel: *Person, Mensch*.

Möglich sind auch neutrale Synonyme:

Fachmann	→	*Fachkraft*
Arbeiter	→	*Beschäftigte*
Experten	→	*Fachleute*
Teilnehmer	→	*Anwesende*

Weitere Möglichkeiten für sprachliche Alternativen:

- Gerundiv-Form: *Studenten → Studierende*
- genderneutraler Plural: *Interessenten → Interessierte*
- Umschreibung: *Patienten → zu behandelnde Personen*
- Verb statt Nomen: *Teilnehmer → es nehmen teil*
- Partizip Perfekt: *Herausgeber ist → herausgegeben von*
- Tätigkeit statt Person: *Radfahrer → Person, die mit dem Rad fährt*
- Institution statt Person: *Geschäftsführer → Geschäftsleitung*
- Verwendung von Adjektiven: *Beratung des Arztes → ärztliche Beratung*

Unterstrich, Genderstern, Doppelpunkt und Binnen-I

In der Praxis sind auch folgende Schreibweisen zu finden:

- Unterstrich (Gendergap): *Klient_innen; Mitarbeiter_innen*
- Genderstern: *Klient*innen; Mitarbeiter*innen*
- Doppelpunkt: *Klient:innen; Mitarbeiter:innen*
- Binnen-I: PolitikerInnen, LehrerInnen

Übungen A1–A3

1) Ersetzen Sie den Ausdruck durch ein passendes Verb.

1. zur Durchführung bringen   *durchführen*

2. zur Ausführung bringen   _____

3. eine Untersuchung durchführen   _____

4. eine Prüfung vornehmen   _____

5. Gültigkeit besitzen   _____

6. in Erwägung ziehen   _____

7. in Rechnung stellen   _____

8. unter Beweis stellen   _____

9. eine Mitteilung machen   _____

10. zum Versand kommen   _____

2) Wie lautet das deutsche Wort?

> Höhepunkt – Neuigkeiten – Veranstaltung – Benutzer – ~~informieren~~ – Kinder –
> sich verpflichten – leicht – Besprechung – sich erholen – Büro – absagen

1. briefen   *informieren*

2. Event   _____

3. Highlight   _____

4. Meeting   _____

5. News   _____

6. relaxen   _____

7. User   _____

8. Kids   _____

9. committen   _____

10. easy   _____

11. canceln   _____

12. Office   _____

B

BRIEFE SCHREIBEN NACH DIN 5008

B1	Umfang, Schriftart und Schriftgröße	12
B2	Briefaufbau	12
B3	Hervorhebungen	14
B4	Zeilenabstand und Maße	14
B5	Briefkopf und Absender	15
B6	Anschriftenfeld und Anschrift	17
B7	Datum	19
B8	Betreffzeile	19
B9	Anrede	19
B10	Grußformel, Unterschrift und Firmenname	21
B11	Anlagen und Verteiler	22
B12	Geschäftsangaben	22
	Übungen B1–B12	23

B Briefe schreiben nach DIN 5008

In diesem Kapitel erfahren Sie, wie Sie Briefe im DIN-A4-Format professionell gestalten und formulieren. Die hier aufgeführten Briefe-Standards gelten sowohl für Briefe, die mit der Post verschickt werden, als auch für Briefe, die als PDF-Dokumente im E-Mailanhang versendet werden.

Neben Mustern für das optimale Gestalten Ihrer Briefe gibt es auch Übungen, bei denen Sie die Regeln anwenden können.

> Für geschäftliche Briefe gibt es formale Standards, aber auch offizielle Schreib- und Gestaltungsregeln, festgelegt in der sogenannten DIN-Norm 5008. Diese Standards erleichtern es, den Inhalt eines Briefes schnell und zuverlässig zu erfassen. Die Verwendung von Vorlagen erleichtert die korrekte Gestaltung von Geschäftsbriefen.*

B1 Umfang, Schriftart und Schriftgröße

Ein Geschäftsbrief umfasst in der Regel nicht mehr als eine Seite. Wählen Sie bei Ihrem Computer eine gängige und gut lesbare Schrift. Üblich sind beispielsweise die Schriftarten Times New Roman (Schriftgröße 12 Punkt) oder Arial (Schriftgröße 11 Punkt).

Kleinere Schriftgrößen verwendet man, wie Sie in den folgenden Briefauszügen sehen, für die Rücksendeangaben in der Zusatz- und Vermerkzone, den Informationsblock sowie für Geschäftsangaben, wenn diese unten am Briefblatt stehen (Beispiele 1 und 2). Achten Sie aber auch hier auf Lesbarkeit.

Im Brieftext sollten Sie durchgängig eine Schriftgröße verwenden. Üblicherweise schreibt man Geschäftsbriefe im Flattersatz, d.h. die Zeilen am rechten Rand sind unterschiedlich lang.

B2 Briefaufbau

Für Geschäftsbriefe werden meist Vorlagen verwendet, bei denen der Briefkopf und die Absenderangaben bereits vorgefertigt bzw. vorgedruckt sind. Die dafür festgelegten Gestaltungsregeln (Ränder, Abstände usw.) sind in der Informationsbox unter B4 aufgeführt. Da es hier unterschDiedliche Möglichkeiten gibt, sind die folgenden Briefauszüge als Beispiele zu verstehen, die zur Orientierung und zur Darstellung der Größenunterschiede und Abstände dienen. Sie sind *nicht* in Originalgröße abgedruckt.

---

* Dieses Buch erwähnt die wichtigsten DIN-Gestaltungsvorschriften. Beispiele für Geschäftsbriefe nach DIN 5008 finden Sie unter anderem im Duden-Nachschlagewerk: *Duden Ratgeber – Briefe, E-Mails und Kurznachrichten gut und richtig schreiben. Berufliche und private Kommunikation verständlich und korrekt gestalten,* das regelmäßig in aktualisierten Auflagen erscheint.

Beispiel 1: Briefauszug oberer Teil des Blattes mit Informationsblock nach DIN 5008, vorgedruckter Briefkopf

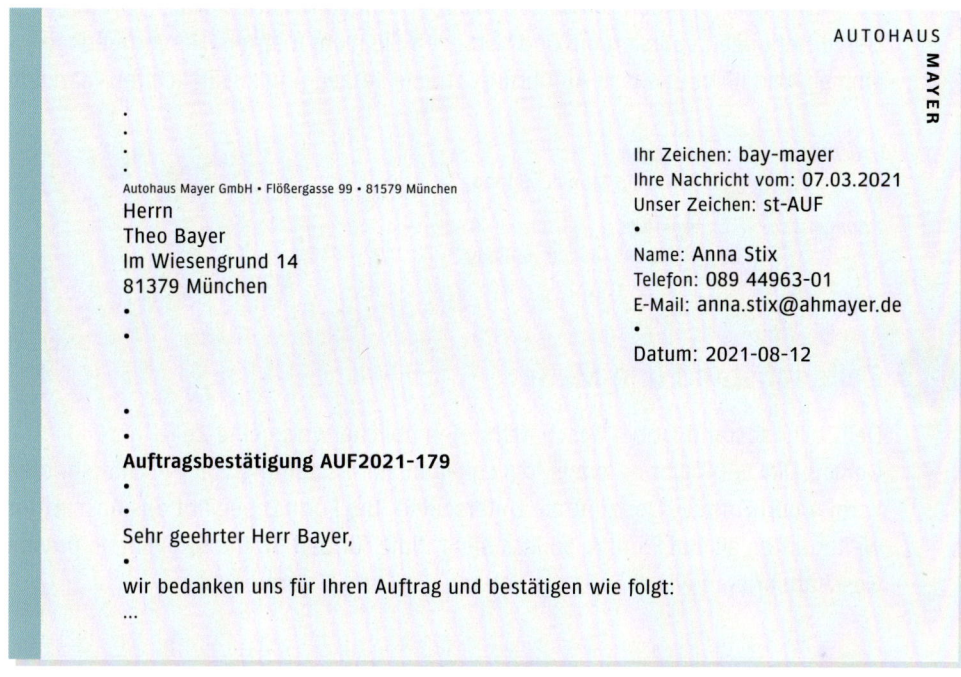

AUTOHAUS
MAYER

Autohaus Mayer GmbH • Flößergasse 99 • 81579 München
Herrn
Theo Bayer
Im Wiesengrund 14
81379 München

Ihr Zeichen: bay-mayer
Ihre Nachricht vom: 07.03.2021
Unser Zeichen: st-AUF

Name: Anna Stix
Telefon: 089 44963-01
E-Mail: anna.stix@ahmayer.de

Datum: 2021-08-12

Auftragsbestätigung AUF2021-179

Sehr geehrter Herr Bayer,

wir bedanken uns für Ihren Auftrag und bestätigen wie folgt:
...

Die Punkte am linken Rand geben die empfohlenen Leerzeilen an.

Beispiel 2: Briefauszug mit Grußformel sowie Anlagen- und Geschäftsangaben am unteren Teil des Blattes

Mit freundlichen Grüßen

Autohaus Mayer GmbH

Nikolaus Mayer

Nikolaus Mayer

Anlagen
Prospekt Modell „Speedy"
Finanzierungsangebot

Autohaus Mayer GmbH
Flößergasse 99
81579 München

Telefon: 089 44963-10
info@ahmayer.de
Internet: www.ahmayer.de

Stadtsparbank München
IBAN: DE00 3704 0044 0001 0001 31
BIC: EEJJMDEMMXXXXX

Geschäftsführer: Nikolaus Mayer
Sitz München   USt-IdNr. DE 1234567   HRB 1234   Amtsgericht München

B3 Hervorhebungen

Die Betreffzeile und den Hinweis *Anlagen* setzt man fett (Beispiele 1–5). Gehen Sie mit Hervorhebungen sparsam um und benutzen Sie nicht mehrere Hervorhebungen auf einmal: Also nicht etwas in Anführungsstriche setzen und zusätzlich fett markieren.

Nicht so:	**Anlagen** Prospekt Modell **„Speedy"**
Sondern so:	**Anlagen** Prospekt Modell „Speedy"

B4 Zeilenabstand und Maße

Der Zeilenabstand ist bei Geschäftsbriefen üblicherweise eine Zeile.
Gemäß DIN 5008 gibt es zwei Möglichkeiten zur Gestaltung von Geschäftsbriefen: Form A und Form B. Der zentrale Unterschied: Bei Form B beginnt das Anschriftenfeld weiter unten als bei Form A, sodass mehr Platz für den Briefkopf bleibt. In privaten Geschäftsbriefen wird häufig die Vorlage der Form B verwendet.

	Form A	Form B
Höhe Briefkopf	27 mm	45 mm
Höhe Anschriftenfeld	45 mm	
Höhe Zusatz- und Vermerkzone	17,7 mm	
Höhe Anschriftenzone	27,3 mm	
Breite linker Seitenrand	25 mm	
Breite rechter Seitenrand	mindestens 20 mm	
Informationsblock	32 mm von oberer Blattkante	50 mm von oberer Blattkante
	125 mm von linker Blattkante, Höhe variabel	
Datum	125 mm von linker Blattkante, Teil des Informationsblocks	
Einrückungen	50 mm von linker Blattkante bzw. 25 mm vom linken Textrand	

Tipp
Es ist nicht wahrscheinlich, dass eine Empfängerin oder ein Empfänger nachmisst, ob Ihre Geschäftsbriefe DIN-gerecht sind. Doch mit gut gestalteter und geschriebener Korrespondenz können Sie viel erreichen: Sie können damit die Adressatin oder den Adressaten von Ihrem Anliegen überzeugen und motivieren, Sie können Kundinnen oder Kunden für sich gewinnen sowie gute Geschäftsbeziehungen entwickeln und pflegen.

B5 Briefkopf und Absender

Wenn Ihnen keine Briefpapiervorlage vorliegt, können Sie den Briefkopf individuell gestalten. Eine Möglichkeit ist, die Absenderinformationen links- oder rechtsbündig in einen Block zu setzen. Wenn der Briefkopf grafisch gestaltet ist, ist auch eine zentrierte Anordnung möglich. Für den Briefkopf bzw. die Absenderangaben stehen Ihnen 45 mm zur Verfügung. Höher sollte der Briefkopf nicht sein, da sonst die Anschrift in einem Fensterumschlag nicht vollständig lesbar ist. Legen Sie am besten den oberen Seitenrand in den Layout-Einstellungen auf 4,5 cm fest und gestalten Sie den Briefkopf in der Kopfzeile.

Die Absenderangabe sollte Name, Straße oder Postfach, Postleitzahl und Ort, bei internationalem Briefwechsel das Land enthalten. Zusätzlich können Telefon- und Handynummer sowie die E-Mail-Adresse eingefügt werden.

Beispiel 3: Briefauszug Form B (ohne Briefkopfvordruck) oberer Teil des Blattes mit Absenderangabe im Block linksbündig sowie Anschriftenfeld, Datum und Betreff

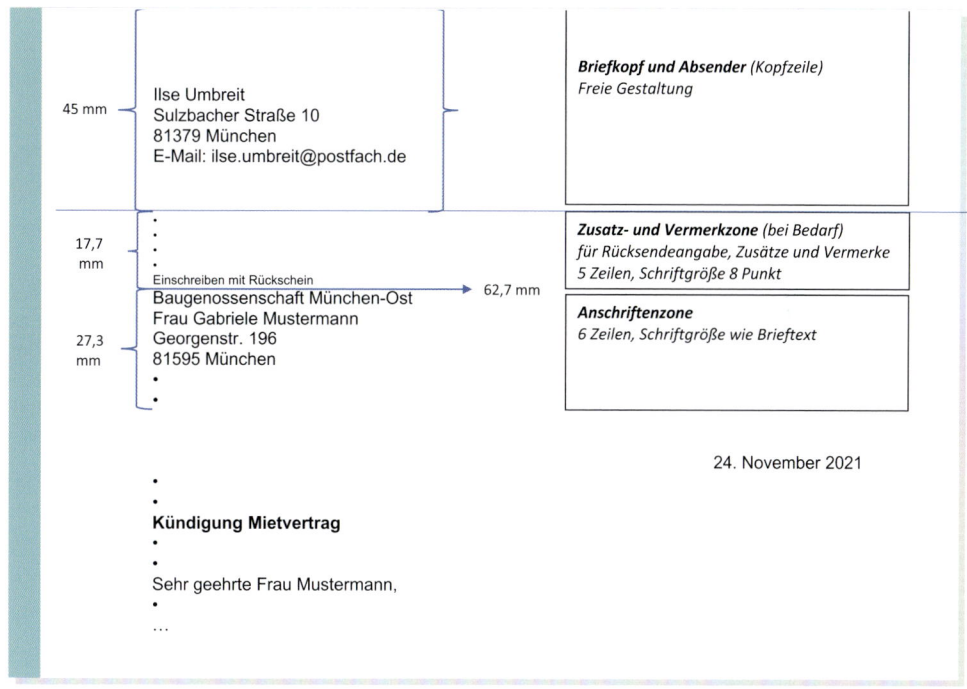

Beispiel 4: Briefauszug Form B (ohne Briefkopfvordruck) oberer Teil des Blattes mit Absenderangabe im Block rechtsbündig sowie Anschriftenfeld, Datum und Betreff

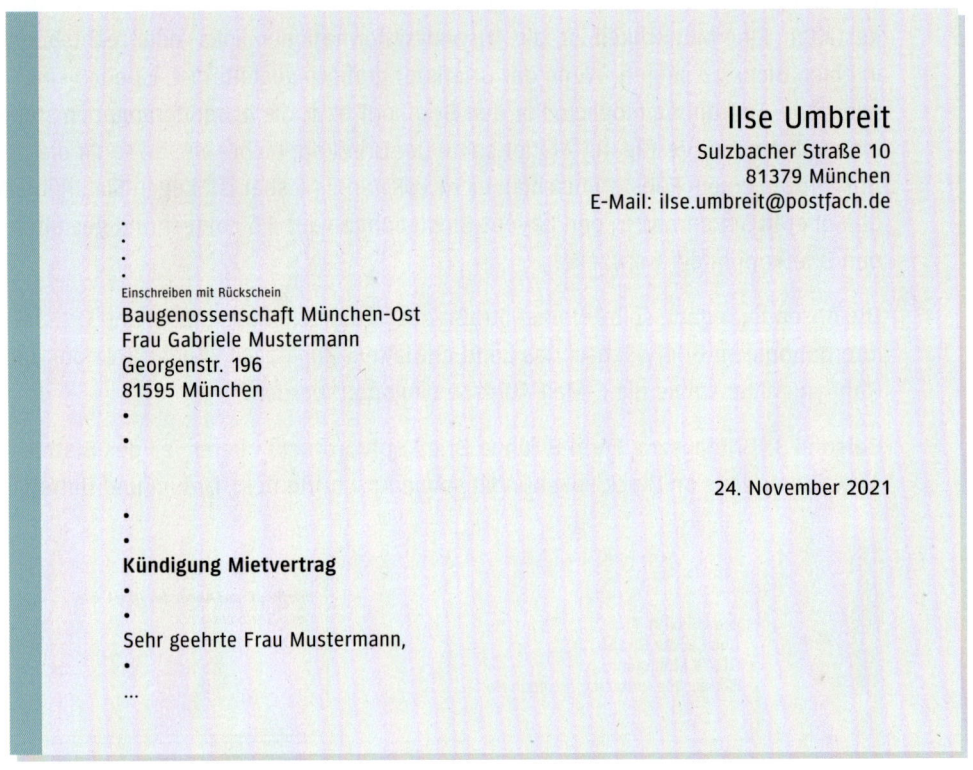

Wie schreibt man Telefonnummern?
Nach der Ortsvorwahl oder der Kennziffer des Netzbetreibers setzt man einen Wortzwischenraum: 089 4496301. Durchwahlnummern werden mit Bindestrich angeschlossen: 089 4496-301. Bei internationalen Telefonnummern schreibt man vor der Landesvorwahl (im folgenden Beispiel Deutschland) ein +. Die Ortsvorwahl (im folgenden Beispiel München) folgt dann ohne 0: +49 89 4496-301.

Beispiel 5: Briefauszug Form B (ohne Briefkopfvordruck) oberer Teil des Blattes mit grafisch gestaltetem Briefkopf, zentriert

Ilse Umbreit

Sulzbacher Straße 10 | 81379 München | E-Mail: ilse.umbreit@postfach.de

.
.
.

Einschreiben mit Rückschein
Baugenossenschaft München-Ost
Frau Gabriele Mustermann
Georgenstr. 196
81595 München

.
.

24. November 2021

.

Kündigung Mietvertrag
.
.

Sehr geehrte Frau Mustermann,
.
...

Anschriftenfeld und Anschrift

Das Anschriftenfeld ist genau wie der Briefkopf 45 mm hoch und besteht aus zwei Zonen (Beispiel 3):
1. In der fünfzeiligen *Zusatz- und Vermerkzone* ist Platz für Rücksendeangaben oder zusätzliche Angaben wie z.B. Büchersendung, Einschreiben, Persönlich/Vertraulich (Schriftgröße 8 Punkt).
2. In der *Anschriftenzone* steht die Anschrift des Empfängers. Dafür stehen sechs Zeilen zur Verfügung (Schriftgröße wie Text).

In beiden Zonen muss nicht jede Zeile ausgefüllt werden.
Folgende Aufteilungen sind üblich:

	Express	Einschreiben
(Art der Sendung oder Vermerk)		
(Unternehmen oder *Herrn/Frau*)	Städel & Mayer AG	Frau
(Ansprechpartner oder Name)	Herrn Hans Hillreiner	Prof. Dr. Sabine Lüde
(Straße und Hausnummer oder Postfach)	Märchenweg 7	Dr.-Karl-Lueger-Ring 1
(Postleitzahl, Ort)	81379 München	1020 WIEN
(Land)		ÖSTERREICH

Beachten Sie:

- Bei Briefen, die ins Ausland geschickt werden, schreibt man Ort und Land in Großbuchstaben. Man gibt keine Länderkennzeichen wie z.B. *CH* für Schweiz oder *A* für Österreich an.

- Zwischen Straße und Ort steht keine Leerzeile. Die Postleitzahl wird nicht vorgerückt und der Ort nicht unterstrichen.

- Angaben wie *z.H./z.Hd.* (zu Händen) sowie *An den/die/das* sind nicht mehr gebräuchlich.

- Schreiben Sie *Persönlich/Vertraulich* vor den Namen, wenn Sie wollen, dass nur der Empfänger den Brief öffnet.

- In Deutschland und Österreich schreibt man in der Anschrift *Herrn*, in der Schweiz ist auch *Herr* korrekt.

Im Briefwechsel mit Kindern und Jugendlichen nennt man in der Anschrift nur Vorname und Name, z.B. *David Müller* oder *Leonie Mayer*.

Im Anschriftenfeld gebräuchliche Anreden für Ehepaare sind:
Marion und Axel Umbreit

oder: Frau Marion Umbreit und
Herrn Axel Umbreit

oder: Herrn Axel Umbreit
Frau Marion Umbreit

oder: Herrn und Frau
Axel Umbreit und Marion Umbreit

Trägt das Ehepaar keinen gemeinsamen Namen, schreibt man:
Frau Prof. Dr. Petra Liebel und
Herrn Dr. Werner Somm

Falls Sie es unhöflich finden, dass der Mann zuerst genannt wird, dann beginnen Sie mit der Frau.

B7 Datum

Wenn Sie kein vorgefertigtes Briefpapier benutzen, schreiben Sie das Datum rechtsbündig zwei Zeilen oberhalb der Betreffzeile. In deutschsprachigen Ländern ist die übliche Reihenfolge: Tag, Monat, Jahr. Bei der Datumsangabe in Ziffern setzt man keinen Leerschritt. Wird der Monat als Wort geschrieben, setzt man Leerschritte. Hier wird bei einstelligen Tages- oder Monatsangaben die führende Null weggelassen.
Bei der internationalen Reihenfolge – Jahr, Monat, Tag – fügt man Bindestriche ein.

> 02.07.2021
>
> *oder*:   02.07.21
> *oder*:   2. Juli 2021
> *oder*:   2021-07-02

B8 Betreffzeile

Die Betreffzeile ist eine kurze Inhaltsangabe des Briefes. Schreiben Sie den Betreff nach zwei Leerzeilen unter den Informationsblock (Beispiel 1). Wenn es Aktenzeichen, Referenz- oder Rechnungsnummern gibt, geben Sie diese an.

> **Ihre Bestellung vom 29. April 2022**
> *oder*:   **Rechnung Nr. 0608-09 für Auftrag 40264 N**

Die Betreffzeile schreibt man fett. Am Ende der Zeile folgt kein Satzschlusszeichen. Die Angabe *Betreff* ist nicht mehr üblich.

B9 Anrede

Schreiben Sie die Anrede nach zwei Zeilen Abstand unter die Betreffzeile. Nach der Anrede folgt ein Komma. Setzen Sie nach der Anrede eine Leerzeile. Das erste Wort nach dem Komma schreiben Sie klein, wenn es kein Nomen oder die Höflichkeitsform eines Anredepronomens (*Sie, Ihr*) ist (Beispiel 1).

Bei der Anrede unterscheidet man zwischen der förmlichen/höflichen Anrede, zum Beispiel bei Geschäftspartnern oder beim Erstkontakt: *Sehr geehrte/Sehr geehrter ...*, und der vertraulichen Anrede: *Liebe/Lieber ...*

Folgende Anreden sind üblich:

Sie schreiben nicht an eine bestimmte Person:
Sehr geehrte Damen und Herren, …

Sie kennen die Person (neutrale Anrede):
Sehr geehrter Herr Willeke, …
Sehr geehrte Frau Rau, …

Sie kennen die Person (vertraute Anrede):
Lieber Herr Willeke, …
Liebe Frau Rau, …
Liebe Kolleginnen und Kollegen, …

Bei Ehepaaren
Sehr geehrte Frau Dr. Weißer, sehr geehrter Herr Weißer, …
Liebe Frau Weißer, lieber Herr Dr. Weißer, …

Geschlechtsneutrale Anrede (Beispiele förmliche und vertraute Anrede):
Sehr geehrte Silke Müller, …
Liebe Beschäftigte, …
Liebe Mitarbeiterinnen und Mitarbeiter *oder* Mitarbeiter*innen *oder* Mitarbeiter_innen
oder Mitarbeiter:innen, …
Hallo zusammen, …
Ihr Lieben, …

Trägt die Empfängerin oder der Empfänger einen Doktortitel, nennen Sie diesen in der Anschrift. In der Anrede können Sie darauf verzichten, wenn Sie wissen, dass der Empfänger oder die Empfängerin darauf keinen Wert legt. Bei Anrede mit Berufsbezeichnung steht kein Name. Eine Ausnahme: Professoren und Professorinnen.

Doktor:
Sehr geehrte Frau Dr. Brill, …
Sehr geehrter Herr Dr. Brill, …

Bürgermeister/-in:
Sehr geehrte Frau Bürgermeisterin, …
Sehr geehrter Herr Bürgermeister, …

Professor/-in:
Sehr geehrter Herr Professor Jacobi, …
Sehr geehrter Herr Professor, …
Sehr geehrte Frau Professorin Müller, …
Sehr geehrte Frau Professorin, …

B10 Grußformel, Unterschrift und Firmenname

Schreiben Sie die Grußformel mit einer Zeile Abstand unter den Text (Beispiel 2).
Verwenden Sie als Grußformel für:

Geschäftsbriefe:
Mit freundlichen Grüßen
Mit freundlichem Gruß
Freundliche Grüße

Geschäftsbriefe, wenn Sie den Empfänger gut kennen:
Mit freundlichen Grüßen aus München
Beste Grüße aus Berlin
Mit den besten Grüßen

Private Briefe:
Herzliche Grüße
Herzlichst
Bis bald und alles Gute!
Alles Liebe, Dein/dein *bzw.* Deine/deine *oder* Euer/euer *bzw.* Eure/eure*

Der erste Buchstabe der Grußformel wird großgeschrieben. Nach der Grußformel
steht kein Komma. Die Wörter *Gruß* und *Grüße* werden mit *ß* geschrieben, da das *u*
bzw. das *ü* lang gesprochen wird. In der Schweiz wird kein *ß* verwendet. Dort ist
auch *Mit herzlichen Grüssen* korrekt.

Unter der Grußformel steht die Unterschrift mit Vor- und Nachname, bei privaten
Briefen nur der Vorname. Bei Geschäftskorrespondenz wiederholt man unter der
Unterschrift den Namen in Druckschrift. Zusätze wie *i. A.* (im Auftrag) oder *i. V.*
(in Vertretung) können eine Zeile vor der Unterschrift oder direkt vor dem Namen
stehen.

Wenn Sie den Firmennamen nach der Grußformel noch einmal nennen, schreiben
Sie ihn mit einer Leerzeile Abstand.

Mit freundlichen Grüßen
·
Corna GmbH & Co. KG
·
Susanne Müller
·
i. V. Susanne Müller

* Da sowohl die Groß- als auch die Kleinschreibung möglich ist, finden Sie in den Mustertexten beide
Schreibweisen.

B11 Anlagen und Verteiler

Für den Anlagenvermerk gibt es je nach verfügbarem Platz zwei Möglichkeiten:

1. Sie schreiben den Hinweis *Anlagen* nach einer Leerzeile unter die Namenswieder-
   gabe (siehe Beispiel unten) oder mindestens drei Zeilen unter die Grußformel.

2. Sie setzen den Anlagenvermerk eingerückt 125 mm von der linken Blattkante
   (siehe Beispiel 2 in B2). In diesem Fall steht der Hinweis in der gleichen Zeile wie
   die Grußformel.

Sie können die Hinweise *Anlagen* und *Verteiler* fett setzen. Wenn Sie beides anführen,
setzen Sie eine Leerzeile dazwischen.

Nikolaus Mayer
·
Nikolaus Mayer
·
Anlagen
Rechnungskopie vom 12.09.21
Informationsbroschüre Herbstkollektion
·
Verteiler
Frau Dr. Anna Mayer
Herr Vial

B12 Geschäftsangaben

Geschäftsbriefe müssen je nach Rechtsform verschiedene gesetzlich vorgeschriebene
Angaben enthalten. Diese sind zum Beispiel Firmenname, Rechtsform, Sitz der Gesell-
schaft, Handelsregisternummer, Geschäftsführer bzw. Vorstandsmitglieder. Üblicher-
weise stehen hier auch Adresse, Telefonnummer und Kontoverbindung. Sie können die
Geschäftsangaben in den unteren Teil des Briefblattes schreiben, wenn sie nicht im
Briefkopf stehen:

Geschäftsführer: Dr. Ingo Mayer	Telefon: 089 44963-10	Stadtsparbank München
Amtsgericht München, HRB 1234	E-Mail: info@bau-gut.de	IBAN: DE00 3704 0044 0001 0001 31
Sitz der Gesellschaft: München	www.bau-gut.de	BIC: EEJJMDEMXXXXX

Übungen B1–B12

1) Welche Anschriften entsprechen nicht formalem Standard?

1. Frau
    Anna Mayer
    Schanzenbachstr. 8
    D-96048 Bamberg

2. Herrn
    Tim Bräuer
    Im Wiesengrund 14
    71552 Backnang

3. Herrn
    Maximilian Schmitt
    Freidankstr. 4
    81379 München

4. Herrn
    Yilmaz Sarisik
    Kamillusweg 14

    45189 Essen

5. Future Comes AG
    Frau Katharina Gschwendi
    Gallenklingenstr. 99
    70198 Botnang

6. Frau
    Christiane Stix
    Matznergasse 8
    1144 WIEN
    ÖSTERREICH

2) Welche Grußformeln benutzt man in privaten Briefen?

1. Mit freundlichen Grüßen
2. Herzlichst
3. Ich habe Dich lieb! Deine

4. Alles Liebe
5. Freundliche Grüße
6. Deine

3) Welchen Gruß schreibt man in Geschäftsbriefen nur bei freundschaftlichen und persönlichen Beziehungen?

1. Mit freundlichen Grüßen
2. Beste Grüße aus München
3. Mit verbindlichen Grüßen
4. Es grüßt Sie
5. Freundliche Grüße

6. Mit den besten Grüßen aus München
7. Mit freundlichem Gruß
8. Herzliche Grüße
9. Herzlichst
10. Ich grüße Sie herzlich

4) Finden Sie formale und orthografische Fehler.

HOLZBAU **VEYHLE**

Holzbau Veyhle GmbH • Wasserstraße 11 • 39105 Magdeburg
Werbeagentur Stix
z. Hd. Anna Stix
Akazienweg 10e
72512 Backnang

18-07-2021

Ihre Anfrage Haustür aus Holz.

Liebe Frau Stix!

Vielen Dank für ihre Anfrage. Wie besprochen, erhalten Sie heute ein Prospekt mit Holz-
türen der Firma *NaturTüren*. Außerdem haben wir Ihnen einige Holzmuster beigelegt,
damit Sie sich einen besseren Eindruck von der Oberflächenbeschaffenheit der einzelnen Modelle machen können.

Bitte geben Sie uns Bescheid, wenn Sie eine Vorauswahl getroffen haben. Dann senden
wir Ihnen ein entsprechendes Angebot.

Mit freundlichen Grüssen,   **Anlagen**
                                                   Prospekt „**NaturTüren**"
Holzbau Veyhle GmbH   Holzmuster

Armin Veyhle
Armin Veyhle

Holzbau Veyhle GmbH   Telefon: 0391 44963-10   Stadtsparkasse Magdeburg
Wasserstraße 11   info@holzbau-veyhle.de   IBAN: DE00 3704 0044 0001 0001 31
39104 Magdeburg   Internet: www.holzbau-veyhle.de   BIC: EEJJMDEMMXXXXX

Geschäftsführer: Armin Veyhle
Sitz Magdeburg   USt-IdNr. DE 112233   HRB 1122   Amtsgericht Magdeburg

C

E-MAIL-KORRESPONDENZ UND MESSENGER-NACHRICHTEN

C1	E-Mails richtig und gut schreiben	26
C2	Beweiskraft von E-Mails	26
C3	Empfängerinnen und Empfänger auswählen	27
C4	Aussagekräftige Betreffzeile	28
C5	Ein Sachverhalt und das Wichtigste zuerst	29
C6	Tipps zum guten Ton	29
C7	Anrede und Gruß	30
C8	Kurz, klar und strukturiert	31
C9	E-Mail als Begleitschreiben	32
C10	E-Mail-Versand	33
C11	Signatur	34
C12	Automatische Abwesenheitsnotiz	35
C13	Messengernachrichten	35
C14	Emoticons und Emojis	37
	Übungen C1–C14	38

C E-Mail-Korrespondenz und Messengernachrichten

C1 E-Mails richtig und gut schreiben

E-Mails sind schnell geschrieben, kostengünstig verschickt und kommen meist sofort bei den Empfängerinnen und Empfängern an. Daher erfreuen sie sich großer Beliebtheit, was ein Blick ins Postfach zeigt: Wir bekommen eine Flut an E-Mails, die uns häufig nicht wirklich betreffen. Viele E-Mails enthalten Rechtschreib- und Grammatikfehler, sind schlecht formuliert oder formatiert und deshalb schwer zu lesen. Damit man Ihre E-Mails gern liest und Sie ohne Rückfragen schnell erfahren, was Sie wissen wollen, erhalten Sie im Folgenden Tipps für eine angemessene Gestaltung Ihrer elektronischen Post.

> **Wie schreibt man *E-Mail?*** Die einzige korrekte Schreibung ist *E-Mail*, auch wenn Sie oft andere Schreibweisen sehen: Der Anfangsbuchstabe ist groß, da das gesamte Wort ein Nomen ist. Nach dem E steht, wie bei allen Zusammensetzungen mit Buchstaben, ein Bindestrich: *E-Mail* wie *T-Shirt*, *H-Milch* usw. *Mail* schreibt man groß, da das Wort ein Nomen ist. Der Artikel von *Mail* ist die, in Süddeutschland, der Schweiz und Österreich auch das. Wer Mails verschickt, der *mailt*. Die Konjugation lautet: *mailen, mailte, gemailt*.

C2 Beweiskraft von E-Mails

E-Mails sind praktisch. Beachten Sie aber, dass eine E-Mail vor Gericht als Beweismittel problematisch ist, da man sie nach Erhalt verändern kann. Kündigungen, Verträge und Arbeitszeugnisse müssen deshalb in Briefform vorliegen und persönlich unterschrieben sein. Immer wenn nachgewiesen werden muss, dass man etwas fristgerecht – d. h. zum richtigen Termin – gemacht hat, reicht eine E-Mail nicht aus: Deshalb Kündigung von Arbeitsverhältnissen, Mietverträgen und Versicherungen immer in Briefform erledigen! Eine Ausnahme sind E-Mails mit sogenannter qualifizierter elektronischer Signatur. Diese E-Mails können der Absenderin oder dem Absender eindeutig zugeordnet werden und ihr Inhalt kann nicht nachträglich verändert werden.*

---

* Allerdings gibt es auch hier Ausnahmen. Eine Kündigung der Arbeitgeberin oder des Arbeitgebers ist nur in Schriftform gültig. Die elektronische Form – auch mit elektronischer Signatur – ist hier unwirksam. Für eine qualifizierte elektronische Signatur ist das Zertifikat einer Zertifizierungsstelle notwendig.

Tipp

Unerwünschte E-Mail-Werbung nennt man *Spam*. In vielen E-Mail-Programmen sind sogenannte *Spamfilter* vorinstalliert. Sie erkennen automatisch Spam-Mails und verschieben sie in den Spam-Ordner oder löschen sie gleich. Wenn doch unerwünschte E-Mail-Werbung in Ihrem Postfach landet, können Sie diese als Spam markieren. Dann werden z. B. bestimmte E-Mail-Adressen grundsätzlich blockiert. Löschen Sie Spam-Mails und beantworten Sie sie nicht. Sonst weiß die Absenderin oder der Absender, dass Ihre Adresse stimmt, und Sie erhalten eventuell noch mehr unerwünschte Werbung.

C3 Empfängerinnen und Empfänger auswählen

Bekommen Sie auch viele überflüssige E-Mails? Machen Sie es besser und schicken Sie nur denjenigen eine Mail, für die Ihre Informationen wichtig sind. Tragen Sie diese Person in das Feld *An* ein. Diejenigen, die Sie nur in Kenntnis setzen wollen, schreiben Sie in das Feld *Cc (Carbon copy)*.

Viele private E-Mail-Adressen setzen sich folgendermaßen zusammen:
vorname.nachname@anbieter.de
nachname@anbieter.de

Bei Büroadressen steht häufig:
vorname.nachname@firmenname.de
nachname@firmenname.de

Adressen, die Sie in die Felder *An* und *Cc* eintragen, sind für alle Empfängerinnen und Empfänger sichtbar. Bei Einträgen in das Feld *Bcc* werden die Kopien „blind" verschickt (*Bcc: Blind carbon copy* – Blindkopie). Das heißt, die Empfängerin oder der Empfänger kann nicht sehen, an welche Adressen die E-Mail noch verschickt wurde. Manche E-Mail-Programme zeigen an, wenn Mails auch *Bcc* verschickt wurden, allerdings nicht, an wen.

Nach der Datenschutzverordnung *DSGVO* dürfen in das *Cc*-Feld nur Empfängerinnen und Empfänger eingetragen werden, die sich kennen. Geht eine Mail an einen offenen und größeren Verteiler, müssen alle Adressen in das Feld *Bcc* eingetragen werden.

Die *DSGVO* (Datenschutzgrundverordnung) ist eine Vorschrift, die in der ganzen EU gilt. Sie regelt den Umgang von Unternehmen mit personenbezogenen Daten – also Informationen, die sich auf eine bestimmte Person beziehen. Dazu gehören zum Beispiel Name, Adresse, Geburtstag, Konto-daten, Kfz-Kennzeichen und auch E-Mail-Adressen.

C4 Aussagekräftige Betreffzeile

Schreiben Sie in geschäftlichen E-Mails immer eine aussagekräftige, verständliche und kurze Betreffzeile. Sie erleichtern damit den Empfängerinnen oder Empfängern die Arbeit. Diese erhalten am Tag Dutzende E-Mails und möchten auf einen Blick erkennen, zu welchem Projekt die Nachricht gehört. So können sie schnell entscheiden, was wichtig ist und sofort beantwortet werden muss. Ist die Absenderadresse nicht bekannt und die Betreffzeile zu allgemein verfasst oder fehlt diese ganz, wird Ihre Mail unter Umständen ungelesen gelöscht. Wenn Sie in der Betreffzeile wichtige Schlüsselwörter verwenden, kann die Mail außerdem später bei der Suche schneller gefunden werden.

Vermeiden Sie deshalb nichtssagende Betreffzeilen wie:
Zur Info
Betr. AW von Axel
Update
Ihre Anfrage
Zur Kenntnis
Wie besprochen

Bringen Sie stattdessen den Inhalt Ihrer Mail auf den Punkt. Am besten nennen Sie zuerst das Hauptthema oder Projekt, dann den Einzelaspekt:
Neue Vertriebsstruktur – Bericht Mai 2021
Anmeldung Fortbildung „Jobfit im Büro" 17.09.–21.09.21
Showtime für Kultur 2021: Anzeige Meyer-Verlag

Auch bei privaten Mails empfiehlt sich eine passende Betreffzeile:
Klappt es mit dem Treffen morgen?
Mitfahrgelegenheit für Fußballturnier am 12.08. gesucht

Das erste Wort der Betreffzeile wird großgeschrieben. Am Ende der Zeile wird kein Schlusspunkt gesetzt.

C5 Ein Sachverhalt und das Wichtigste zuerst

Bei geschäftlichen E-Mails ist es besser, eine Mail pro Sachverhalt zu schreiben als eine lange E-Mail zu verschiedenen Themen. In der Regel will Ihre Empfängerin oder Ihr Empfänger die E-Mails nach Sachverhalten ablegen und getrennt bearbeiten. Schreiben Sie – unabhängig von der Länge der E-Mail – das Wichtigste zuerst, sodass die Lesenden den Inhalt sofort erfassen können.

C6 Tipps zum guten Ton

Eine E-Mail, die nur aus einer Betreffzeile besteht, wirkt unhöflich. Sich so knapp zu fassen, kann als mangelnde Wertschätzung aufgefasst werden und die Empfängerin oder den Empfänger verärgern. Das Gleiche gilt, wenn mit der E-Mail ein Anhang verschickt wird, ohne im Textfeld darauf einzugehen.

Senden Sie keine E-Mail im Zorn, auch wenn das Medium dazu verführt. Denn alles Geschriebene bleibt und kann zitiert werden. Überprüfen Sie Ihre Mails vor dem Senden auf korrekte Rechtschreibung, Grammatik und guten Stil. Da wir E-Mails oft schnell abarbeiten, sind Flüchtigkeitsfehler häufig.

Alles großschreiben, alles kleinschreiben? ALLES GROSSZUSCHREIBEN SIGNALISIERT ANSCHREIEN. alles kleinzuschreiben ist für die leserin oder den leser nicht angenehm, da sie oder er sich schlecht im text orientieren kann.

C

C7 Anrede und Gruß

Schreiben Sie in E-Mails immer eine Anrede und einen Gruß. Verzichten Sie auf Abkürzungen wie *LG* (= Liebe Grüße) und *MfG* (= Mit freundlichen Grüßen). Diese Abkürzungen sind genauso lieblos wie gar kein Gruß.

Welche Anrede ist üblich? Die informelle Anrede *Hallo* ist bei Geschäftspartnerinnen oder Geschäftspartnern, selbst wenn sie sich siezen, möglich. Allerdings sieht man häufiger formelle Anredeformen.

> **Formelle Anreden für geschäftliche E-Mails:**
> Sehr geehrter Herr Koch, sehr geehrter Herr Hartmann, ...
> *(der Chef oder die Chefin wird zuerst genannt)*
> Sehr geehrte Damen und Herren, ...
> Sehr geehrte Mitglieder, ...
> Sehr geehrte Frau Professorin Bauer, ...
> Sehr geehrter Herr Dr. Stein, ...
> Guten Tag, Frau Jäger, Herr Bräuer und Herr Jacobi, ...
> *(etwas informeller)*
>
> **Informelle Anreden für geschäftliche E-Mails:**
> Liebe Geschäftspartnerinnen und Geschäftspartner, ...
> Lieber Herr Koch, ...
> Liebe Frau Stegmeier, ...
> Liebe Anja, liebe Andrea, ...
> *(auch bei privaten E-Mails gebräuchlich)*
>
> **Genderneutrale Anreden:**
> Guten Tag, Sebastian Maier, ...
> Guten Tag, ... *(ohne Nennung des Namens)*
> Liebe Teilnehmende, ...
>
> **Anreden für private E-Mails:**
> Hallo, Ihr Lieben, ...
> Hallo zusammen, ...
> Hi, ... *(unter Jugendlichen)*

Auch die Grußformel darf in geschäftlichen E-Mails informeller sein als in Briefen. Folgende Grußformeln sind gebräuchlich:

Formelle Grußformeln für geschäftliche E-Mails:
Mit freundlichen Grüßen
Mit freundlichem Gruß
Beste Grüße
Viele Grüße

Informelle Grußformeln für geschäftliche und private E-Mails:
Herzliche Grüße
Herzlichst
Viele herzliche Grüße
Ganz herzliche Grüße
Gruß *(wirkt distanziert)*

Grußformeln für Freunde und Bekannte:
Liebe Grüße und bis bald
Bis bald
Sonnige Grüße nach Stuttgart

C8 Kurz, klar und strukturiert

E-Mails verführen zu zwei Extremen: zum knappen Telegrammstil oder zum unstrukturierten Drauflosschreiben. Wählen Sie die goldene Mitte. Schreiben Sie in kurzen, vollständigen Sätzen und gliedern Sie Ihre Mail in sinnvolle, kurze Absätze. Grundsätzlich gelten für E-Mails die gleichen Stilempfehlungen wie für Briefe.

E-Mail als Begleitschreiben

Vor allem bei Rechnungen oder Angeboten bietet sich eine Zusammenführung von physischen Briefen und E-Mails an. Das entsprechende Dokument wird in einem Schreibprogramm als Brief erstellt, dann als PDF gespeichert und elektronisch versandt.

● ● ●

An: eva.winkel@postfach.de

CC:

Betreff: Rechnung für Gartengestaltung / Talweg 55, Bremen

Sehr geehrte Frau Winkel,

noch einmal vielen Dank für Ihren Auftrag!
Nach Abschluss der Arbeiten erhalten Sie heute unsere Rechnung.

Freundliche Grüße

Thorsten Florin

Heitwoll GmbH
Telefon: 0421 44963-10
E-Mail: thorsten.florin@heitwoll.de
www.heitwoll.de

Schneewittchenallee 37
28207 Bremen
Geschäftsführung: Dr. Gottfried Ohnesorg
Handelsregister HRB 1234 beim Amtsgericht Bremen
USt.-IDNr. 1234567

Mögliche Formulierungen für Begleitschreiben:
Nach Fertigstellung des Projektes erhalten Sie heute unsere Rechnung.
Vielen Dank für Ihre Anfrage. Wir freuen uns, wenn Ihnen unser Angebot zusagt. Bitte beachten Sie auch die beiliegenden AGBs.
Vielen Dank für Ihr Interesse an unseren Produkten. Mit diesem Schreiben senden wir Ihnen unsere Produktbroschüre.

C10 E-Mail-Versand

Technische Voraussetzungen der Empfängerin oder des Empfängers

Denken Sie beim Verschicken von E-Mails auch an die technischen Voraussetzungen der Empfängerin oder des Empfängers. Am besten verwenden Sie nur einfache Formatierungen wie Aufzählungen mit Punktliste, Überschriften fett, Hervorhebungen kursiv. Denn jedes E-Mail-Programm hat einen anderen Funktionsumfang.

Dateiformat des Anhangs

Einige Dateiformate können nur in bestimmten Betriebssystemen oder mit speziellen Programmen geöffnet werden. Prüfen Sie daher, ob die Empfängerin oder der Empfänger das Dateiformat des Anhangs problemlos öffnen kann.
Bedenken Sie, dass viele Unternehmen Anhänge mit selbststartenden Programmen und Makros, z.B. Excel- oder Worddateien, aus Virenschutzgründen nicht weiterleiten. Hier empfiehlt sich vor dem Versand die Umwandlung in eine PDF-Datei.

Größe des Anhangs

Je nach Anbieter ist die Größe des Anhangs beim Versand beschränkt. Dabei können die entsprechenden Datenmengen nur verschickt werden, wenn der Speicher der Empfängerin oder des Empfängers noch ausreichend Speicherplatz aufweist. Bedenken Sie dies besonders beim Versand von umfangreichen Anhängen an Privatpersonen.

Große Dateien lassen sich in ZIP-Dateien komprimieren. Außerdem können Dateien über Cloud-Lösungen zur Verfügung gestellt werden. In diesem Fall wird nur ein entsprechender Link per Mail verschickt.

Auch Ihr eigener Speicher sollte nicht überfüllt sein. Da E-Mails oft automatisch in den „Gesendet"-Ordner verschoben werden, führt dies bei vollem Speicher zu Fehlermeldungen.

Anhang nicht vergessen

Immer wieder kommt es vor, dass in einer E-Mail auf einen Anhang verwiesen wird, der nicht vorhanden ist. Gewöhnen Sie sich an, Ihre Mails vor dem Versand immer noch einmal genau zu überprüfen. So sparen Sie sich und Ihren Empfängerinnen oder Empfängern Nachfragen und einen doppelten Versand.

C11 Signatur

Am Ende einer E-Mail steht statt einer persönlichen Unterschrift eine sogenannte Signatur. Sie sollte bei Privatpersonen Vor- und Nachname, E-Mail-Adresse, Telefonnummer und Anschrift enthalten. Sie können im E-Mail-Programm Ihre persönliche Signatur einrichten, die dann automatisch oder auf Wunsch eingefügt werden kann.

Firmen schreiben ihren Mitarbeiterinnen und Mitarbeitern in der Regel eine Signatur vor. Es gibt die gesetzliche Verpflichtung, dass externe geschäftliche E-Mails bestimmte Unternehmensinformationen enthalten müssen: Rechtsform und Sitz der Gesellschaft, Registergericht und Handelsregisternummer. Welche Informationen gesetzlich vorgeschrieben sind, hängt von der Rechtsform des Unternehmens ab.

Sie können bei der Signatur auch eine Grußformel eingeben. Dies ist aber nur sinnvoll, wenn Sie die Grüße in Ihrer E-Mail-Korrespondenz nicht variieren wollen.

Beispielsignatur für geschäftliche E-Mail:
Mit freundlichen Grüßen

Josef Bieber

Savci-Verlag GmbH
Redaktion Kinderbücher
Telefon: +49 89 78566-44
E-Mail: josef.bieber@savci-verlag.de
www.savci-verlag.de

Muschollweg 9
81739 München
Geschäftsführung: Dr. Axel Müller, Michael Hauser
Handelsregister HRB 1234 beim Amtsgericht München
USt.-IDNr. 1234567

Beispielsignatur für private E-Mail:
Denise Wolook

E-Mail: denise.wolook@postfach.de
Telefon: 089 44963-01
Himmelreichallee 21
81739 München

 ## Automatische Abwesenheitsnotiz

Auf private E-Mails müssen Sie nicht gleich antworten. Bei geschäftlichen E-Mails wird jedoch eine schnelle Antwort erwartet. Aktivieren Sie deshalb den sogenannten Auto-responder, wenn Sie nicht erreichbar sind. Dieser beantwortet Ihre E-Mails automatisch mit einem von Ihnen eingegebenen Text.

Im Text sollten folgende Informationen stehen:

- ein Dank für die E-Mail,
- von wann bis wann Sie nicht erreichbar sind,
- wer Sie in dringenden Fällen vertritt,
- dass Sie sich schnell um das Anliegen der Absenderin oder des Absenders kümmern werden, wenn Sie wieder erreichbar sind,
- neutrale Grußformel.

Beispieltext für automatische Abwesenheitsnotiz:
Vielen Dank für Ihre Nachricht. Ich bin vom 1. bis 14. August nicht erreichbar. Ab dem 17. August kümmere ich mich umgehend um Ihr Anliegen. In dringenden Fällen wenden Sie sich bitte an meinen Kollegen Herrn Bieber, Telefon: 089 44963-01, E-Mail: josef.bieber@savci-verlag.de.

Mit freundlichen Grüßen

Sabine Müller

 ## Messengernachrichten

Schnelle und zeitgleiche Nachrichtenübermittlung

Neben der Korrespondenz per E-Mail oder Brief gewinnt auch in Unternehmen die Kommunikation über Messengerdienste zunehmend an Bedeutung. Die Nutzung von Messengern ermöglicht eine schnelle und zeitgleiche Nachrichtenübermittlung an mehrere Empfängerinnen und Empfänger. So können zum Beispiel Mitglieder eines Teams in Gruppenchats simultan Informationen austauschen.

Aber auch bestehende Vertragspartnerinnen oder Vertragspartner und Kundinnen oder Kunden greifen zunehmend auf die unkomplizierte Möglichkeit von Messengernachrichten zurück, zum Beispiel bei der Nachbestellung von Produkten, Verfügbarkeitsanfragen, Produktauskünften, Beschwerden, Auskünften zum Lieferdatum etc.

Unternehmerische Pflichten

Unternehmen müssen auch bei der Nutzung von Messengerdiensten die allgemeinen Richtlinien für Geschäftskorrespondenz einhalten. Das betrifft beispielsweise Pflichtangaben für Geschäftsbriefe (siehe B12) und die Aufbewahrungspflicht für Geschäftsunterlagen.

Außerdem sollte nur ein Messengerdienst ausgewählt werden, der ausdrücklich in Unternehmen eingesetzt werden darf und nicht nur für den privaten Bereich bestimmt ist.

Datensicherheit

Besondere Bedeutung bei einer betrieblichen Nutzung von Messengerdiensten kommt dem Datenschutz zu. Das heißt, der Messengerdienst muss eine vertrauliche und datenschutzkonforme Kommunikation (nach DSGVO) ermöglichen. Dies wird vor allem durch die Ende-zu-Ende-Verschlüsselung der gesamten Kommunikation erreicht. Das heißt, dass sämtliche Informationen bei der Absenderin oder dem Absender verschlüsselt und erst bei der Empfängerin oder dem Empfänger wieder entschlüsselt werden. Auf diese Weise liegen die Daten während der gesamten Übertragung nur in verschlüsselter Form vor; Dritte können also nicht auf die Inhalte zugreifen.

Messengerkommunikation

Tipp
- Verfassen Sie Messengernachrichten sorgfältig und achten Sie auf eine gute Formulierung.
- Schreiben Sie kurz und prägnant, aber verständlich.
- Achten Sie auf einen ehrlichen und freundlichen Umgangston.
- Verzichten Sie möglichst auf Abkürzungen.
- Prüfen Sie Ihre Nachricht auf korrekte Grammatik und Rechtschreibung.

C14 Emoticons und Emojis

Emoticons

Ursprünglich wurden elektronische Smileys aus Satzzeichen, teilweise auch Zahlen oder Buchstaben konstruiert (sogenannte Emoticons). Emoticons sind bildliche Darstellungen eines Gesichtsausdrucks und sollen in der schriftlichen Kommunikation Gestik oder Mimik der direkten Kommunikation ersetzen.

Beispiele:

:-) lachendes Gesicht,
:-(trauriger Gesichtsausdruck.

Emojis

Emojis sind eine Weiterentwicklung der Emoticons. Einige Emoticons werden bei der Eingabe einer E-Mail automatisch durch passende Piktogramme ersetzt, andere werden direkt als Bildzeichen in Chats eingefügt.

Emoticons und Emojis werden nur bei freundschaftlichem und ungezwungenem Umgangston zwischen Geschäftspartnerinnen oder Geschäftspartnern benutzt. Bitte beachten Sie, dass manche Menschen die Verwendung von Emojis als störend empfinden. Antworten, die nur aus einem Emoji bestehen (z. B. „Daumen hoch"), können als Faulheit oder Respektlosigkeit angesehen werden. Verwenden Sie Emoticons daher sparsam und nur, wenn Sie sicher sind, dass die Empfängerin oder der Empfänger sie versteht.

Es gibt eine Reihe von Emojis, die schon innerhalb *eines* Sprachraums unterschiedlich verstanden werden können.

Noch schwieriger wird es, wenn Sie mit Angehörigen anderer Sprachräume kommunizieren. Hier kann eine unbedachte Verwendung von Emojis unter Umständen sogar als beleidigend aufgefasst werden.

> **Tipp**
> Wenn sich ein Emoji auf den gesamten Satz bezieht, steht es nach dem Satzschlusspunkt.

Übungen C1–C14

1) Welche E-Mail-Adressen werden in das Feld Cc eingefügt, welche in Bcc? Ordnen Sie zu.

1. Teilnehmende einer offenen Fortbildungsveranstaltung

2. Mitarbeiterinnen und Mitarbeiter einer Abteilung in der Firma
              Cc

3. privater regelmäßiger Treff von ehemaligen Studierenden

4. neu zu erstellende Arbeitsgruppe mit externen Mitgliedern
              Bcc

2) Wie finden die Personen das? Ergänzen Sie.

> interessant – ärgerlich – ~~traurig~~ – witzig – normal – cool – nicht gut

1. 😢 Marc findet das *traurig*.

2. 😠 Herr Heinemann findet das _____.

3. 😎 Eva findet das _____.

4. 😐 Josef findet das _____.

5. 😃 Thorsten findet das _____.

6. 👎 Frau Seren findet das _____.

7. 😜 Elisa findet das _____.

D

VERTRÄGE: KÜNDIGUNG UND WIDERRUF

D1	Kündigung	40
D2	Widerruf	41
	Mustertexte D1–D2	42
	Übungen D1–D2	46

D Verträge: Kündigung und Widerruf

Auch beim privaten Schriftwechsel mit Unternehmen können Sie sich an den Richtlinien zum Briefeschreiben nach DIN 5008 orientieren (siehe Kapitel B). In diesem Kapitel erfahren Sie, was Sie als Privatperson in diesem Zusammenhang außerdem beachten sollten. Darüber hinaus erhalten Sie Informationen zu den Themen Kündigung und Widerruf inklusive entsprechender Mustertexte.

D1 Kündigung

Kündigungen gibt es nicht nur im Arbeitsleben, auch Mietverhältnisse oder andere Verträge beenden Sie mit einer Kündigung. Man unterscheidet fristgerechte (ordentliche) und fristlose (außerordentliche) Kündigungen: Mit der fristgerechten Kündigung beenden Sie einen Vertrag nach Ablauf einer gesetzlich festgelegten oder vertraglich vereinbarten Frist. Eine fristlose Kündigung ist eher der Ausnahmefall: Sie beendet einen Vertrag mit sofortiger Wirkung. Für eine fristlose Kündigung müssen wichtige Gründe vorliegen, die eine Fortsetzung des Vertrags unzumutbar machen.

Bei Kündigungsschreiben handelt es sich um sogenannte halbgeschäftliche Korrespondenz, d. h. es gibt bestimmte gesetzliche Vorgaben. Diese Vorgaben sollten Sie in Ihren Briefen unbedingt berücksichtigen: Falls es zu einem Prozess vor Gericht kommt, haben Sie so bessere Chancen, zu Ihrem Recht zu kommen.

Kündigung eines Mietverhältnisses

Sowohl der Vermieter als auch der Mieter können einen Mietvertrag kündigen. Hier geht es um die Kündigung des Mietverhältnisses durch den Mieter. Es ist gesetzlich geregelt, dass die Kündigung eines Vertrags schriftlich sein muss.

> **An Ihrem Schreiben muss eindeutig zu erkennen sein, dass es sich um eine Kündigung handelt. Mögliche Sätze sind beispielsweise:**
> Ich kündige hiermit den Mietvertrag vom 31.07.2018.
> Kündigung des Mietvertrags vom 31.07.2018 *(als Betreff)*

In der Regel hat der Mieter eine Kündigungsfrist von drei Monaten. Wenn Sie diese Frist einhalten, müssen Sie keinen Grund für Ihre Kündigung angeben.

Bei einer außerordentlichen fristlosen Kündigung muss laut Gesetz ein „wichtiger Grund" vorliegen, dass dem Mieter die Nutzung der Wohnräume nicht länger zugemutet werden kann. Das wäre zum Beispiel die Gefährdung der Gesundheit des Mieters oder wenn ihm die Wohnung nicht oder nur zum Teil zur Verfügung steht. Vor der Kündigung muss der Mieter den Vermieter auf die Mängel hingewiesen und ihm eine bestimmte Frist für die Behebung der Mängel gesetzt haben.

Wichtig ist auch, dass eine Kündigung eigenhändig unterschrieben werden muss und dass in Ihrem Brief alle Vertragspartnerinnen und Vertragspartner aufgeführt werden, die im Mietvertrag stehen: die einen als Empfängerin oder Empfänger, die anderen als Absenderin oder Absender (alle mit Unterschrift).

Kündigung anderer Verträge

Schriftlich kündigen sollte man auch andere Verträge, z. B. wenn Sie den Telefon- bzw. Handyanbieter, den Stromanbieter oder die Bank wechseln oder ein Abonnement einer Zeitung/Zeitschrift oder die Mitgliedschaft in einem Verein beenden möchten. Wenn im Vertrag nicht ausdrücklich die Schriftform für die Kündigung verlangt wird, ist hier meist auch eine Kündigung per E-Mail möglich. Bitten Sie in Ihrem Schreiben auf jeden Fall um eine schriftliche Bestätigung Ihrer Kündigung.

> **Tipp**
> Fügen Sie bei Kündigungen immer das aktuelle Datum ein. Schicken Sie die Kündigung eines Mietverhältnisses grundsätzlich als Einschreiben mit Rückschein. Nur so können Sie vor Gericht beweisen, dass Ihre Kündigung fristgerecht war.
> Die Kündigung Ihrer Arbeitsstelle geben Sie am besten persönlich ab und lassen sich den Empfang schriftlich bestätigen.

D2 Widerruf

Manchmal lässt man sich am Telefon oder durch Werbung im Internet zum Abschließen von Verträgen oder zum Kauf von Dingen verleiten. Wenn eine solche Kaufentscheidung vorschnell war, haben Sie als Verbraucherin oder Verbraucher das Recht, Kaufverträge zu widerrufen (Widerspruchsrecht bei Verbraucherverträgen: § 355 BGB). Diese Regelung gilt für Ratenkäufe, Kredit- und Leasing- sowie bestimmte Versicherungsverträge:

- Kauf- und Dienstverträge
- Reise- und Mietverträge
- Verträge mit Banken (z. B. Kredite)

Auch hier sollten Sie einige formale Vorgaben beachten: Der Widerruf muss innerhalb der gesetzlich vorgegebenen Frist von zwei Wochen nach Vertragsabschluss schriftlich erfolgen. Es reicht aus, wenn Sie Ihr Schreiben innerhalb dieser Frist absenden. Bei einem fristgerechten Widerruf müssen keine Gründe genannt werden, Sie können Ihre Entscheidung aber auch begründen. Üblich ist auch die Bitte, dass Ihre Vertragspartnerin oder Ihr Vertragspartner den Widerruf schriftlich bestätigt.

> **Tipp**
> Fügen Sie bei Ihrem Widerruf das aktuelle Datum ein und schicken Sie ihn per Einschreiben mit Rückschein. Sie erhalten den Rückschein von der Vertragspartnerin oder dem Vertragspartner unterschrieben zurück. So beweisen Sie, dass Ihr Widerspruch fristgerecht war.

Mustertexte D1–D2*

Fristgerechte Kündigung der Wohnung

25. September 2021

**Kündigung des Mietvertrags vom 31.07.2018
Wohnung Georgenstraße 199, 7. Stock**

Sehr geehrter Herr Jonas,

wie ich Ihnen bereits telefonisch mitteilte, muss mein Mann aus beruflichen Gründen nach Kassel umziehen.

Aus diesem Grund kündigen wir den Mietvertrag vom 31.07.2018 fristgerecht zum 31.12.2021.

Mit freundlichen Grüßen

Helga Mustermann

Peter Mustermann

Kündigung eines Zeitungsabonnements   Empfänger: Kundenservice

An: kundenservice@calwer-kurier.de
CC:
Betreff: Kündigung Zeitungsabonnement / Kundennummer 657687

Sehr geehrte Damen und Herren,

hiermit kündige ich mein Zeitungsabonnement des Calwer Kurier zum nächstmöglichen Zeitpunkt. Meine Kundennummer lautet: 657687.

Bitte bestätigen Sie mir die Kündigung. Vielen Dank.

Mit freundlichen Grüßen

Elke Güntherich

E-Mail: elke.guentherich@postfach.de
Telefon: 07051 4455333
Anschrift: Hubert-Hirth-Straße 114a, 75635 Calw

---

* Die Musterbriefe in diesem Kapitel enthalten lediglich den Text ab der Datumszeile. Wie der Briefkopf solcher Schreiben aussieht, sehen Sie am Anfang des Kapitels B.

Fristlose Kündigung der Wohnung

15. Januar 2022

Fristlose Kündigung des Mietvertrags vom 1. November 2018
3-Zimmer-Wohnung Sattlerstraße 5, 50672 Köln, 1. Stock

Sehr geehrte Frau Heinrich,
sehr geehrter Herr Heinrich,

hiermit kündige ich den Mietvertrag vom 1. November 2018 fristlos zum 31. Januar 2022.

Grund: In meinem Schreiben vom 15.10.2021 habe ich Ihnen mitgeteilt, dass das Dach über meiner Wohnung undicht ist und sich aufgrund der Feuchtigkeit Schimmel in der Küche gebildet hat. Ich habe Ihnen weiterhin geschrieben, dass ich den Mietvertrag fristlos kündigen werde, wenn Sie diese Schäden nicht in einem Zeitraum von zwei Monaten (bis zum 15.12.2021)
beheben.

Da Sie bisher in der Sache keine entsprechenden Maßnahmen ergriffen haben und die Feuchtigkeit nun fast die gesamte Wohnung unbewohnbar gemacht hat, sehe ich mich gezwungen, den Mietvertrag vom 01.11.2018 fristlos zu kündigen.

Mit freundlichen Grüßen

Hanne Grundberg
...

Widerruf eines Mobilfunkvertrags   Empfänger: Kundenservice

● ● ●

An: kundenservice@abcphone.com

CC:

Betreff: Widerruf Mobilfunkvertrag vom 15.09.2021 / Kundennummer: 345678

Sehr geehrte Damen und Herren,

am 15.09.2021 habe ich bei Ihnen einen Mobilfunkvertrag mit dem Tarif „Night and Day" abgeschlossen. Der Vertrag beinhaltete die Lieferung eines Smartphones der Marke ABCPhone 400.

Hiermit mache ich von meinem Widerrufsrecht Gebrauch und kündige den Vertrag mit der Rufnummer 0170 12312312 innerhalb der gesetzlichen Frist. Grund: Das Smartphone entspricht nicht meinen Erwartungen.

Bitte bestätigen Sie den Widerruf und senden Sie mir einen Rücksendeschein, damit ich das Gerät an Sie zurückschicken kann. Vielen Dank.

Freundliche Grüße

Rita Ellwang

E-Mail: rita.ellwang@postfach.de
Telefon: 0341 44455333
Anschrift: Albertstraße 13f, 04108 Leipzig

Widerruf einer Bestellung Empfänger: Einkauf Onlineshop

An: einkauf@elektro-karl.de
CC:
Betreff: Widerruf Bestellung vom 10.09.2021 / Kundennummer: 2121212

Sehr geehrte Damen und Herren,

vielen Dank für die schnelle und pünktliche Lieferung des QLED 8K Fernsehers
der Marke „Pionier". Leider bin ich vom Design und von der Qualität des Produktes
enttäuscht. Aufgrund der Abbildung im Onlineshop habe ich eine höherwertige
Ausstattung erwartet.

Ich mache daher hiermit von meinem Widerrufs- und Rückgaberecht Gebrauch.

Bitte bestätigen Sie den Widerruf und senden Sie mir einen Rücksendeschein, damit
ich das Gerät an Sie zurückschicken kann.

Für Ihre Bemühungen schon im Voraus vielen Dank.

Mit freundlichen Grüßen

Ella Plasa

E-Mail: ella.plasa@postfach.de
Telefon: 02671 449631
Anschrift: Monsunstraße 12, 58612 Cochem

Übungen D1–D2

1) Die richtige Formulierung: Aus welchen Sätzen geht eindeutig hervor, dass Sie eine Wohnung kündigen wollen? Markieren Sie.

1. ☐ Ich kündige hiermit den Mietvertrag vom 21.05.2017 zum 30.01.2022.

2. ☐ Ich halte es in Ihrer Wohnung nicht länger aus.

3. ☐ Fristgerechte Kündigung des Mietvertrags zum 30.01.2022 *(als Betreff)*

4. ☐ Ich kann ab Februar 2022 nicht mehr bei Ihnen wohnen.

5. ☐ Mit diesem Schreiben teile ich Ihnen die Kündigung unseres Mietvertrags vom 21.05.2017 mit.

6. ☐ Baldiger Auszug *(als Betreff)*

7. ☐ Ich ziehe im August nach Hamburg.

8. ☐ Ich will meine Kaution zurück.

2) Kündigung des Mietvertrags: Ergänzen Sie.

> fristgerecht – 30. April 2022 – Grüßen – Schlüsselübergabe – ~~Kündigung~~ – Termin –
> Mietvertrag – kündige – 31. August 2018 – Sehr geehrte Frau Fischer

Fristgerechte (1.) *Kündigung* **des Mietvertrags**
vom (2.) _____

(3.) _____ ,
sehr geehrter Herr Fischer,

hiermit (4.) _____ ich meinen (5.) _____
vom 31. August 2015 (6.) _____ zum
(7.) _____ .

Bitte teilen Sie mir einen (8.) _____ mit, wann die
(9.) _____ stattfinden kann.

Mit freundlichen (10.) _____

3) Welche Aussagen sind korrekt? Markieren Sie.

1. ☐ Kündigungen eines Mietvertrags müssen immer schriftlich sein.

2. ☐ Wenn ein Ehepaar den Mietvertrag unterschrieben hat, reicht es, wenn nur der Mann die Kündigung unterschreibt.

3. ☐ Wenn ein Mieter fristgerecht kündigt, muss er keinen Grund nennen.

4. ☐ Eine fristlose Kündigung ist immer möglich.

5. ☐ Ein Einschreiben mit Rückschein beweist vor Gericht eine fristgemäße Kündigung.

6. ☐ Um eine Wohnung zu kündigen, reicht ein Anruf beim Vermieter.

4) Schreibtraining

Kündigen Sie Ihre Wohnung, die Sie bei dem Ehepaar Schmidt gemietet haben, am 20. August 2021 fristgerecht zum 30. November 2021.

Angaben zur Wohnung:
Mietvertrag vom 1. April 2016
2-Zimmer-Wohnung
Wohnungsadresse: Frankfurt, Einsteinstraße 13b
Grund: Umzug nach Berlin

5) Welche Aussagen haben die gleiche Bedeutung? Ordnen Sie zu.

1. Ich lege Widerspruch ein

2. Ich mache von meinem Widerrufsrecht Gebrauch

3. Schicken Sie mir eine schriftliche Bestätigung

4. fristgerecht

5. Ich bedanke mich

a) fristgemäß

b) Ich widerspreche

c) Vielen Dank

d) Ich widerrufe

e) Bestätigen Sie mir … schriftlich

1	2	3	4	5
b				

6) Widerruf einer Reise: Ergänzen Sie.

Preis – Dank – Gebrauch – Vergleich – Kundennummer – Grund – ~~Widerruf~~ –
Bestätigung – 10.11.2021 – Reise – Reisebüro – Widerrufsrecht

---

● ● ●

An: info@traeumdichweg.de
CC:
Betreff: (1.) _Widerruf_ Vertrag vom (2.) _____ / Reise nach Ägypten

(3.) _____ **000112445**

Sehr geehrte Damen und Herren,

am 10. November 2021 habe ich in Ihrem (4.) _____ eine

(5.) _____ nach Ägypten gebucht.

Ich mache hiermit von meinem (6.) _____

(7.) _____ . (8.) _____ : Nach einem

(9.) _____ mit Angeboten anderer Reiseveranstalter scheint

mir der (10.) _____ für die Reise zu hoch.

Bitte schicken Sie mir eine schriftliche (11.) _____ des

Widerrufs. Vielen (12.) _____ !

Freundliche Grüße

Ella Plasa

E-Mail: ella.plasa@postfach.de
Telefon: 02671 449631
Anschrift: Monsunstraße 12, 58612 Cochem

---

7) Schreibtraining

Widerrufen Sie per Mail den Kauf eines Notebooks der Marke „Santander", für das Sie
den Kaufvertrag am 04.09.2021 abgeschlossen haben. Ihre Kundennummer lautet:
34345. Grund für den Widerruf: Das Notebook wurde beschädigt geliefert. Liefertag:
10.09.2021. Fordern Sie ein Rücksendeetikett für den Rückversand an.

_____

_____

E

BEWERBUNG UND LEBENSLAUF

E1	Papier, E-Mail oder Onlineportal?	50
E2	Bewerbungsanschreiben	51
E3	Lebenslauf	52
	Mustertexte E1–E3	54
	Übungen E1–E3	59

E Bewerbung und Lebenslauf

Die Qualität Ihrer Bewerbungsunterlagen entscheidet darüber, ob Sie zu einem Vorstellungsgespräch eingeladen werden. Ihre Unterlagen sind Ihre Visitenkarte: Der Inhalt und die Form sollen Ihren künftigen Arbeitgeber auf den ersten Blick überzeugen. Ihre Unterlagen sollen klar, übersichtlich und vollständig sein. Umfragen bei Personalchefinnen und Personalchefs haben ergeben, dass formale Fehler und unvollständige Unterlagen zu den Hauptgründen für eine Absage zählen.

Im Folgenden erhalten Sie Tipps zur Gestaltung Ihrer Bewerbungsunterlagen.

Papier, E-Mail oder Onlineportal?

Viele Bewerbungsunterlagen werden heute digital versendet. Dennoch bevorzugen vor allem kleine und mittelständische Unternehmen nach wie vor eine klassische **Bewerbung auf Papier**. Der Vorteil ist, dass der Arbeitgeber die Unterlagen gleich in Händen hält und sie nicht erst noch ausdrucken muss.

Bitte beachten Sie, dass bei gedruckten Unterlagen das Anschreiben immer einzeln obenauf gelegt wird.

Die Bewerbungsmappe beginnt mit einem Deckblatt, dann folgt der Lebenslauf. Die folgenden Unterlagen werden in der Regel umgekehrt chronologisch angeordnet, also das Neueste kommt zuerst: aktuelles Zwischenzeugnis, dann Arbeitszeugnisse früherer Arbeitgeber in absteigender Reihenfolge, Fortbildungszertifikate u. ä., Zeugnisse der Berufs- und Schulausbildung am Schluss.

Unterlagen, die per **E-Mail** verschickt werden, kommen sofort beim Arbeitgeber an. Am besten ist es, wenn Sie den Namen der für die Personalentscheidung zuständigen Person kennen. Dann landet Ihre Bewerbung gleich im richtigen Postfach und wirkt persönlicher. Fassen Sie Ihre Unterlagen in der oben beschriebenen Reihenfolge in einer PDF zusammen. Die erste Seite dieser PDF bildet das Bewerbungsanschreiben. Im E-Mail-Begleitschreiben (Kapitel C9) weisen Sie dann nur kurz auf Ihre Bewerbung und die beiliegenden Unterlagen hin.

Vor allem große Unternehmen und Konzerne arbeiten bei Stellenausschreibungen mit **Onlineportalen**. Hier wird keine Kontaktperson benötigt, die Bewerbung landet automatisch an der richtigen Stelle. Sie werden Schritt für Schritt durch einen Bewerbungsprozess geführt. Bereiten Sie vorher alle Unterlagen vor, damit Sie diese an der entsprechenden Stelle zügig hochladen können.

Doch egal, ob auf Papier, per E-Mail oder über ein Onlineportal – gehen Sie stets mit großer Sorgfalt an die Zusammenstellung Ihrer Bewerbungsunterlagen heran.

E2 Bewerbungsanschreiben

Die wichtigste Funktion des Bewerbungsanschreibens ist, eine Personalchefin oder einen Personalchef zu überzeugen, dass Sie die geeignete Person für die Stelle sind. Es gibt unterschiedliche Bewerbungen: die „Blind"- oder Initiativbewerbung (wenn die Firma keine Stelle ausgeschrieben hat) und die Bewerbung auf eine Stellenanzeige.

Ein Bewerbungsanschreiben sollte nicht länger als eine Seite sein. Der Form nach ist das Bewerbungsanschreiben ein offizieller Brief und enthält Ihre Adresse, die Adresse des Unternehmens, das Datum, eine Betreffzeile, den eigentlichen Text des Anschreibens, Ihre Unterschrift und den Anlagenvermerk (Kapitel B). Eine sinnvolle Gliederung in Abschnitte erleichtert die Orientierung.

Statt mit „Sehr geehrte Damen und Herren" zu beginnen, sollte die für das Bewerbungsverfahren zuständige Person direkt angeschrieben werden.

Inhalt des Bewerbungsanschreibens:

- Der erste Satz ist besonders wichtig. Er sollte Aufmerksamkeit erregen und neugierig machen. Der Beginn sollte immer genau auf die jeweilige Stellenausschreibung abgestimmt und treffend formuliert werden. Vermeiden Sie Sätze wie *Hiermit bewerbe ich mich auf die von Ihnen ausgeschriebene Stelle*. Dass Sie sich bewerben, ist dem Betreff zu entnehmen. Auch *Mit großem Interesse habe ich Ihre Stellenausschreibung gelesen* ist nicht sehr originell. Wenn Sie sich bewerben, ist davon auszugehen, dass Sie Interesse haben.

- Danach stellen Sie Ihre Fähigkeiten und Stärken heraus, die für das Stellenangebot relevant sind, und belegen diese anhand von Beispielen.

- Im Hauptteil führen Sie aus, wo und wie Sie Ihre Qualifikationen und Erfahrungen gewonnen haben. Hier kommt nicht es darauf an, Ihren Lebenslauf wiederzugeben, sondern Ihre Persönlichkeit zum Ausdruck zu bringen. Zeigen Sie, dass Ihre persönlichen Ziele zu denen des Unternehmens passen.

- Manchmal werden in einer Stellenanzeige Aussagen zum frühestmöglichen Eintrittszeitpunkt oder zum Gehalt gefordert. Gehen Sie gegebenenfalls darauf ein.

- Im Schlusssatz bringen Sie selbstbewusst Ihre Vorfreude auf die Rückmeldung der Personalverantwortlichen oder des Personalverantwortlichen zum Ausdruck.

Was sollten Sie in Bezug auf den Stil beachten?

Schreiben Sie sachlich – keine Übertreibungen! Formulieren Sie vollständige, prägnante und aussagekräftige Sätze. Versuchen Sie, die Satzanfänge zu variieren – nicht zu häufig mit „Ich" beginnen. Vermeiden Sie Sätze im Konjunktiv:

Nicht:	Sondern:
Ich möchte mich bewerben	Ich bewerbe mich
Ich würde mich freuen	Ich freue mich

Tipp

Verfassen Sie Ihre Bewerbungsunterlagen sehr sorgfältig und einheitlich. Lassen Sie sie von einer anderen Person gegenlesen und korrigieren. Rechtschreib- oder Kommafehler sind oft der Grund, dass man auf eine Bewerbung eine Absage bekommt.

E3 Lebenslauf

Der tabellarische Lebenslauf gehört zu den Anlagen eines Bewerbungsanschreibens. Er enthält einen Überblick über Ihre Schulbildung, Ihre berufliche Ausbildung, Ihre bisherigen beruflichen Tätigkeiten sowie über sonstige Qualifikationen. Ein professioneller Lebenslauf zeichnet sich aus durch:

- Genauigkeit
- Lückenlosigkeit
- Vollständigkeit
- Glaubwürdigkeit

Der Lebenslauf sollte nicht mehr als zwei DIN-A4-Seiten umfassen, gut zu lesen und formal ansprechend sein. Besonders bei Lebensläufen mit mehreren Stationen hat sich die umgekehrte chronologische Reihenfolge durchgesetzt. D. h. die Aufstellung beginnt mit der aktuellen Tätigkeit und endet mit der Schulbildung. Auf diese Weise stehen die letzten, meist relevantesten Stationen des Berufslebens im Vordergrund. Die Personalverantwortlichen können so auf den ersten Blick erkennen, ob Sie die entsprechende Qualifizierung für die ausgeschriebene Position mitbringen. Berufsanfängerinnen und Berufsanfänger können ihren Lebenslauf auch chronologisch verfassen. Dann beginnt er mit der Schulbildung und schließt mit der aktuellen Tätigkeit.

Aufbau eines Lebenslaufs (chronologisch absteigend):

Der Aufbau des Lebenslaufs ist zweispaltig: In der linken Spalte stehen die Zeitangaben (Monat und Jahr: z. B. *04/2017–08/2021*), in der rechten Spalte, was Sie in dieser Zeit gemacht haben. In die rechte Spalte schreiben Sie keine Sätze, sondern nur Stichwörter, die Sie durch Präpositionen wie *bei* oder *in* verbinden (z. B. *Schlosserausbildung bei Firma Heitwoll in Mainz*).

Für einen besseren Überblick gliedern Sie die einzelnen Abschnitte mit Überschriften:

- Angaben zur Person: Vorname, Name, Anschrift, Telefonnummer, E-Mail-Adresse, Geburtsdatum und Familienstand

- Berufliche Laufbahn: Zeitraum, Arbeitgeber, Position, kurze Tätigkeitszusammenfassung (zumindest für die letzten drei Arbeitsstellen)

- Schulbildung

- Kenntnisse und Fähigkeiten: Fremdsprachen, PC-Kenntnisse, gewonnene Wettbewerbe

- Hobbys/Interessen (höchstens drei bis vier)

Tipp
Mit der Nennung Ihrer Hobbys können Sie Ihre Vielseitigkeit unterstreichen. Wägen Sie aber genau ab, welche Hobbys Sie nennen und führen Sie Hobbys auf, die zu Ihrem Beruf passen bzw. Ihre Kreativität (künstlerische Hobbys) und/oder Ihre Teamfähigkeit (Teamsportarten) aufzeigen.

Ort, Datum und die eigenhändige Unterschrift gehören unter einen Lebenslauf. Das Datum sollte identisch mit dem Datum des Bewerbungsanschreibens sein.

Tipp
- Verwenden Sie eine gut lesbare Schriftgröße (11 bis 12 Punkt).
- Verwenden Sie in Anschreiben, Lebenslauf und Deckblatt innerhalb des Fließtextes nur eine Schriftart.
- Benutzen Sie eine gut lesbare Schriftart. Passen Sie diese an Ihre Persönlichkeit und den ausgeschriebenen Beruf an. Mögliche Schriftarten sind beispielsweise:
  Times New Roman, Georgia, Book Antiqua, Cambria, Arial, Helvetica, Verdana, Tahoma.
- Schreiben Sie nicht mehr als 30 Zeilen pro Seite.
- Schreiben Sie einzeilig.
- Markieren Sie Gliederungspunkte im Lebenslauf durch zwei Leerzeilen.
- Achten Sie auf einen einheitlichen Aufbau.
- Beschränken Sie sich auf das Wesentliche: Weniger ist mehr!

Mustertexte E1–E3

Initiativbewerbung für einen Ausbildungsplatz

Bewerbung um einen Ausbildungsplatz als Automobilkauffrau

Sehr geehrte Frau Maurer,

wie ich Ihrer Website entnommen habe, bildet das Autohaus Maurer Automobilkaufleute aus. Seit der Berufsorientierungswoche an der Realschule ist genau dies mein Berufswunsch.

Während meines Praktikums bei Steinhauer Automobile konnte ich erste Einblicke in den Beruf der Automobilkauffrau gewinnen. Zu meinen Aufgaben dort zählte der Empfang von Interessenten, die Zusammenstellung von Angebotsunterlagen sowie die Vereinbarung von Serviceterminen.

Für die Ausbildung zur Automobilkauffrau kommt mir ein starkes Interesse an Autos allgemein, gutes technisches Verständnis sowie meine Kommunikationsfähigkeit zugute. Zu meinen persönlichen Stärken zählen außerdem eine schnelle Auffassungsgabe, Organisationstalent und Zuverlässigkeit.

Zurzeit besuche ich die Realschule in Nürtingen, die ich im Sommer 2022 mit der Mittleren Reife abschließen werde. Die Ausbildung in Ihrem Betrieb könnte ich im September 2022 beginnen.

Gern komme ich in den Sommerferien zu Ihnen, um ein paar Tage auf Probe zu arbeiten. Über Ihre Einladung zu einem persönlichen Gespräch freue ich mich.

Mit freundlichen Grüßen

Lisa Sommer

Anlagen
Lebenslauf
Zeugnis
Praktikumsbescheinigung

Bewerbungsanschreiben auf eine Stellenanzeige

Bewerbung als Mitarbeiter für das Stadtmarketing Mannheim

Sehr geehrter Herr Fricke,

um die Attraktivität und Wettbewerbsfähigkeit einer Stadt zu erhalten und auszubauen, bedarf es Mitarbeiterinnen und Mitarbeiter mit Fachkenntnissen, aber auch viel Begeisterung für diese Aufgabe. Ob im Büro der Stadtinformation oder der Veranstaltungsabteilung einer Bundesgartenschau – in den vergangenen Jahren habe ich mir fundierte Kenntnisse und hohe praktische Kompetenz in den Bereichen Marketing, Öffentlichkeitsarbeit sowie Eventorganisation angeeignet. Den theoretischen Background bildet mein Studium zum Kommunikationsfachwirt.

In meiner derzeitigen Tätigkeit als Projektmitarbeiter beim Institut Schuler in Mannheim gehören die Organisation von Fortbildungen sowie die Pressearbeit zu meinen Schwerpunkten. Ich bin darüber hinaus an der Weiterentwicklung der Schulungskonzepte beteiligt und für die redaktionelle Betreuung und Pflege der Website verantwortlich. Dabei kommen mir meine fundierten EDV-Kenntnisse (MS Office, InDesign, CMS-Anwenderkenntnisse), ein sehr gutes sprachliches Ausdrucksvermögen sowie die Fähigkeit, Dinge „auf den Punkt zu bringen", zugute.

Soziale und kommunikative Kompetenzen habe ich in der erfolgreichen Zusammenarbeit mit unterschiedlichsten Gesprächspartnern – Kunden, Sponsoren, Besuchern, Lieferanten etc. – bewiesen. Ich arbeite strukturiert und gewissenhaft, bin aber auch in der Lage, spontan und kreativ auf Unvorhergesehenes zu reagieren.

Sehr gern würde ich dazu beitragen, unsere schöne Stadt als Wirtschaftsstandort und Tourismusziel zu stärken. Daher freue ich mich über Ihre Einladung zu einem persönlichen Gespräch.

Mit freundlichen Grüßen

William Doschek

Anlagen
Lebenslauf
Zeugnisse
Fortbildungszertifikate

Lebenslauf

Persönliche Daten

Vor- und Nachname:	Carolin Hillmers, geb. Scholl
Geburtsdatum und -ort:	10.03.1989 in München
Anschrift:	Talweg 123, 80804 München
Telefon:	089 4496301
Mobil:	0142 44433322
E-Mail:	carolin.hillmers@postfach.de
Familienstand:	verheiratet

Berufserfahrung

seit 08/2018

Citibank München
Leiterin der Kreditabteilung
– fachliche und disziplinarische Führung
  eines 5-köpfigen Teams
– Kundenakquise und -betreuung

08/2013–07/2018

Citibank München
Kundenberaterin Kredite und Hypotheken
– Kundenakquise und -betreuung
– Erstellung von Vertragsstatistiken

Bildungsweg

10/2011–07/2013

Masterstudium Betriebswirtschaftslehre
an der Ludwig-Maximilians-Universität, München
Abschluss: Master of Science, Note 1,7

10/2008–07/2011

Studium der Betriebswirtschaftslehre an
der Ludwig-Maximilians-Universität, München
Abschluss: Bachelor of Science, Note 2,0

09/1999–07/2008

Giselagymnasium, München
Abschluss: Abitur, Note 1,7

09/1995–07/1999

Farinelli-Grundschule, München

Chronologisch absteigender Lebenslauf, Seite 2

Zusatzqualifikation

04/2017–07/2017   Zertifikatslehrlang Personalwesen, IHK München

Abschluss: IHK-Fachkraft Personalwesen

Auslandssemester

09/2010–03/2011   Auslandssemester an der University of California, Berkeley, USA

Kenntnisse und Fähigkeiten

Sprachkenntnisse   Englisch und Französisch sehr gut

PC-Kenntnisse   Microsoft Word, Excel, PowerPoint

München, 1. Dezember 2021

Carolin Hillmers

Chronologischer Lebenslauf eines Schulabgängers

Lebenslauf

Persönliche Daten

Vor- und Nachname:	Leandro Riehl
Geburtsdatum und -ort:	25.05.2001 in München
Anschrift:	Augustenstr. 123, 80804 München
Telefon:	089 44 55 66
Mobil:	0142 44433322
E-Mail:	leandro.riehl@postfach.de
Familienstand:	ledig

Schulbildung

09/2007–07/2011	Farinelli-Grundschule, München
09/2011–07/2020	Giselagymnasium, München Abschluss: Abitur, Note 1,7

Freiwilliges Soziales Jahr

09/2020 – 08/2021	Altenheim der Caritas, München

Kenntnisse und Fähigkeiten

Sprachkenntnisse	Englisch sehr gut Französisch gut
IT-Kenntnisse	Microsoft Word, Excel, PowerPoint

Hobbys und Interessen

Saxofon spielen, Fotografieren

München, 1. Dezember 2021

Leandro Riehl

Übungen E1–E3

1) Bewerbung einer Realschülerin: Ergänzen Sie das Bewerbungsanschreiben.

Wort – Einladung – Kommunikation – Aufgabenbereich – Mittleren Reife –
Webseite – Sprachkenntnisse (Pl.) – Wunschberuf – ~~Bewerbung~~ –
Vorstellungsgespräch – Probearbeiten – Kauffrau für Büromanagement –
Unternehmen – Ausbildungsplatz – Team – Berufspraktikum

1.) *Bewerbung* **um einen** (2.) _____ **als Kauffrau**
für Büromanagement

Sehr geehrter Herr Ballweg,
wie ich Ihrer (3.) _____ entnommen habe, bilden Sie Kaufleute für
Büromanagement aus. Seit einem (4.) _____ bei der
Firma Müller im letzten Jahr ist dies mein (5.) _____.
Erfahrungen mit Microsoft Word, Excel und PowerPoint bringe ich mit. Alles,
was sonst noch zum (6.) _____ einer
(7.) _____ gehört,
möchte ich gern bei Ihnen lernen. Deshalb bewerbe ich mich um einen Ausbildungsplatz in Ihrem (8.) _____.
Ich werde im Sommer 2022 die Realschule mit der (9.) _____
_____ abschließen. Meine persönlichen Stärken liegen in den Bereichen
(10.) _____ und Organisation. Die deutsche Sprache
beherrsche ich in (11.) _____ und Schrift und die geforderten
(12.) _____ in Englisch kann ich ebenfalls vorwei-
sen. Der Umgang mit Menschen bereitet mir Freude und ich arbeite gern im
(13.) _____.
Über Ihre (14.) _____ zu einem (15.) _____
freue ich mich sehr. Gern komme ich in den Ferien auch ein paar Tage zum
(16.) _____.

Mit freundlichen Grüßen

Cennet Pilz

2) Bausteine für eine Bewerbung: Welche Sätze haben eine ähnliche Bedeutung?

1. Ich plane und organisiere gern.

2. Ich stehe kurz vor dem Abschluss meiner Ausbildung zum Speditionskaufmann.

3. Ich bin seit fünf Jahren als Grafikerin tätig.

4. Ich bringe fundierte Sprachkenntnisse in Englisch und Französisch mit.

5. Mein frühester Eintrittstermin wäre der 1. Januar 2022.

6. Über Ihre Einladung zu einem Vorstellungsgespräch freue ich mich.

a) Im Bereich Grafik habe ich fünf Jahre Berufserfahrung.

b) Ich kann meine Tätigkeit am 1. Januar 2022 beginnen.

c) Englisch und Französisch beherrsche ich in Wort und Schrift.

d) Ich freue mich auf die Gelegenheit zu einem persönlichen Gespräch.

e) Meine Stärken liegen in den Bereichen Planung und Organisation.

f) Im Sommer beende ich meine Ausbildung zum Speditionskaufmann.

1	2	3	4	5	6
e					

3) Eigene Bewerbung

Suchen Sie sich auf einem Jobportal eine Stellenanzeige aus und schreiben Sie ein Bewerbungsanschreiben anhand der Mustertexte und Übungen. Welche Informationen sollte das Anschreiben enthalten?

_____

_____

_____

_____

_____

_____

_____

_____

4) Lebenslauf von Marvin Wolperts: Ergänzen Sie.

Familienstand – Sprachkenntnisse – Berufserfahrung – in – Bildungsweg –
E-Mail – Kenntnisse und Fähigkeiten – Hobbys – Nachname – IT-Kenntnisse –
Geburtsdatum und -ort – Anschrift – ~~Vor~~

Lebenslauf

(1.) *Vor-* und (2.) _____   Marvin Wolperts
(3.) _____   04.06.1994 (4.) ____ München
(5.) _____   Blumenstraße 55, 80798 München
(6.) _____   marvin.wolperts@postfach.de
(7.) _____   ledig

(8.) _____
Seit 01/2020   Kaufmann für Spedition und Logistik-
                                     dienstleistung bei der Spedition Kühlmann
                                     in Garching

01/2015 – 12/2019   Kaufmann für Spedition und Logistik-
                                     dienstleistung bei der Spedition
                                     A. Karcher in München

(9.) _____
09/2011 – 07/2014   Ausbildung zum Kaufmann für Spedition
                                     und Logistikdienstleitung bei der Spedition
                                     A. Karcher in München

09/2004 – 07/2011   Hermann-Frieb-Realschule München

09/2000 – 07/2004   Farinelli-Grundschule München

(10.) _____

(11.) _____   Englisch in Wort und Schrift

(12.) _____   Microsoft Word, Excel

(13.) _____   Bergwandern, Joggen

München, 1. Juni 2021

Marvin Wolperts

5) Finden Sie die Fehler im Lebenslauf.

Persönliche Daten
Vor- und Nachname: Leandra Riehl
Telefon: 089 44 55 66
E-Mail: lele_frosch@postfach.de
Familienstand: ledig

Bildungsweg

1997 bis 2001	Farinelli-Grundschule, München
2001 bis 2010	Giselagymnasium, München Abschluss: Abitur, Note 3,8
10/2010 – 07/2013	Ausbildung zur Kauffrau für Bürokommunikation Freihammer GmbH

Berufserfahrung

01/2014 – 08/2019	Müller & Söhne Verwaltungsmitarbeiterin
seit 01/2020	Holzbau Fritz Sekretariat

Kenntnisse und Fähigkeiten

Sprachkenntnisse	Englisch

Hobbys und Interessen
Saxofon spielen, Fotografieren, Joggen, Lesen, Fernsehen, Kino

München, 24.08.2021

6) Eigener Lebenslauf

Schreiben Sie anhand der Mustertexte und Übungen einen Lebenslauf mit Ihren persönlichen Angaben. Wenn Sie zu einem Punkt nichts schreiben können (kein Studium, noch keine Berufserfahrung etc.), lassen Sie ihn weg. Erstellen Sie vorher eine Checkliste: Welche Informationen gehören unbedingt in einen Lebenslauf?

_____

_____

_____

F

PRIVATE BRIEFE UND E-MAILS

F1	Einladungen	64
	Mustertexte	66
	Übungen	69
F2	Danksagungen	71
	Mustertexte	71
	Übungen	73
F3	Absagen	74
	Mustertexte	74
	Übungen	77
F4	Glückwünsche	79
	Mustertexte	79
	Übungen	83
F5	Briefe und Karten zu Weihnachten & Co	86
	Mustertexte	87
	Übungen	88
F6	Kondolenzbriefe	89
	Mustertexte	90
	Übungen	91

F Private Briefe und E-Mails

Privat bedeutet „persönlich", „familiär", „nicht amtlich" – private Schreiben sind meist nicht für die Öffentlichkeit bestimmt. Dieser persönliche Aspekt macht es schwer, Mustertexte vorzugeben, die von allen in gleicher Weise als Vorlage verwendet werden können. Die Mustertexte in diesem Buch sind daher vor allem als Anregungen für eigene Schreibversuche gedacht. Wie bei Geschäftskorrespondenz gilt aber auch hier die Grundregel: Formulieren Sie mit Sorgfalt und vermeiden Sie Floskeln. In diesem Kapitel finden Sie Textmuster und Übungen sowie Tipps, auf welche Punkte Sie beim Verfassen von Einladungen, Glückwünschen und anderen privaten Schreiben achten sollen.

F1 Einladungen

Eine schriftliche Einladung ist gegenüber der mündlichen die höflichere Form: Ihre Gäste haben genügend Zeit, um zu- oder abzusagen und kennen alle wichtigen Details. Auch Sie als Gastgeber haben Vorteile: Sie können in Ruhe über Form bzw. Inhalt der Einladung nachdenken und die Gästeliste zusammenstellen. Von der Art des Festes und Ihren persönlichen Vorlieben hängt es ab, welche Einladungskarten Sie kaufen oder selbst entwerfen: lustige oder ernsthafte, kreativ-fantasievolle oder eher schlichte. Die Form der Karte, aber auch der Tonfall der Einladung – das sind wichtige erste Eindrücke für Ihre künftigen Gäste, welche Art von Feier sie erwartet.

Vorgedruckte Einladungskarten wirken persönlicher, wenn Anrede („Liebe Tina"), Unterschrift und eventuell Grußformel („Herzliche Grüße") handschriftlich eingefügt werden.

„Save the date":

Besonders bei großen Festen wie Hochzeiten ist es üblich, einige Monate vor der Veranstaltung „Save the Date"-Karten als Vorboten der Einladung zu verschicken. So wird der Termin der Feier angekündigt, damit die Gäste sich diesen freihalten können. Dies empfiehlt sich vor allem, wenn der Termin in der Urlaubszeit liegt und/oder die Gäste eine weite Anreise haben. Die Gestaltung der Einladung mit genaueren Angaben zum Ort und allen anderen Informationen kann dann zu einem späteren Zeitpunkt erfolgen.

> **Tipp**
> Die Höflichkeitsanrede *Sie* und die entsprechenden Pronomen *Ihr/Ihre* und *Ihnen* werden in Briefen immer großgeschrieben. Die Anredepronomen *du, ihr* und die entsprechenden Ableitungen *dir, dein, euch, euer* usw. werden kleingeschrieben. In Briefen, E-Mails und Nachrichten ist sowohl die Groß- als auch die Kleinschreibung korrekt. Der Duden empfiehlt hier die Großschreibung: Ich lade *Dich* herzlich ein. / Wir freuen uns, wenn *Ihr* kommt. / Wir freuen uns auf *Euer* Kommen. In Messenger-nachrichten wird meist die Kleinschreibung verwendet.

Checkliste für Einladungen:

- Anlass der Feier: Hochzeit, Geburtstag, Einweihungsfest, Mottoparty etc.

- Zeit: Wochentag, Datum, Uhrzeit, Dauer

- Ort der Feier (mit Adresse): zu Hause, erst in der Kirche, im Restaurant

- Art der Feier: Hochzeitsfest mit Tanz, gemütliches Beisammensein, Essen, Grillparty

- Sind auch Begleitpersonen eingeladen?

- Beteiligung der Gäste erwünscht? Zum Beispiel Beitrag zum (Salat-)Büffet, Getränke, Musik

- Bestimmte Kleidung erwünscht? Zum Beispiel: festliche Kleidung, Abendgarderobe, eventuell auch Kostüm (bei Mottopartys).

- Benachrichtigung erwünscht? Ein entsprechender Vermerk zeigt, dass eine Zu- bzw. Absage erbeten ist. Geben Sie in diesem Fall eine Telefonnummer oder E-Mail-Adresse an, unter der sich die Eingeladenen melden können.

- Bei großen Festen (Hochzeit, runder Geburtstag) können auch folgende Angaben sinnvoll sein: Geschenkwünsche, Beschreibung des Anfahrtsweges, Tipps für Hotels in der Umgebung, Kontaktdaten der Trauzeugen (wegen der Programmgestaltung)

Tipp
Verwenden Sie die Abkürzung „u. A. w. g." = *um Antwort wird gebeten* nur dann, wenn Sie sicher sind, dass Ihre Gäste sie kennen und verstehen. Alternativ können Sie zum Beispiel schreiben: *Bitte gebt uns Bescheid, ob Ihr mit uns feiert. / Bitte gib uns Bescheid, ob Du mit uns feierst.*

Tipp
Informieren Sie Ihre Gäste möglichst genau über die geplante Feier. So ersparen Sie sich und Ihren Gästen unter Umständen peinliche Situationen wie etwa unpassende Kleidung.

Mustertexte

Einladung zur Hochzeitsfeier
Empfänger: Geschäftspartner

Sehr geehrte Frau Szweda,
sehr geehrter Herr Szweda,

wir laden Sie ganz herzlich zu unserer Hochzeitsfeier ein. Es würde uns sehr freuen, wenn Sie diesen besonderen Tag mit uns feiern!

Die kirchliche Trauung findet statt:
am 14. Mai 2022 um 11 Uhr
in der evangelischen Stiftskirche
in Landau/Pfalz

Die Adresse für die anschließende Feier
ab 13 Uhr lautet:
Restaurant „Buschmühle"
Im Wiesengrund 6
76839 Böchingen/Pfalz

Mit herzlichen Grüßen

*Patricia Groschen
und
David Opel*

———————

u. A. w. g. (bis zum 21. März 2022)
Festliche Kleidung erwünscht

Sollten Sie über ein Geschenk anlässlich unserer Hochzeit nachdenken: Wir haben im Kaufhaus „Schmidinger" einen Geschenktisch zusammenstellen lassen. Auch ein kleiner Beitrag zu unserer geplanten Hochzeitsreise nach Australien ist uns willkommen.

Einladung zur Taufe
Empfänger: Verwandte

Liebe Claudia, lieber Johannes,

Gottes Segen soll unser Kind auf all seinen Wegen begleiten.

Deshalb lassen wir Paula am 11. September 2021 taufen. Zu diesem Fest laden wir Euch ganz herzlich ein.

**Die Tauffeier beginnt um 15.00 Uhr
in der Erlöserkirche, München-Schwabing.**

Anschließend feiern wir mit Familie und Freunden bei uns im Garten. Es gibt Kaffee und leckeren Kuchen. Für die Kinder ist eine lustige Überraschung geplant.

Am Abend warten ein Buffet mit griechischen und deutschen Spezialitäten und griechische Live-Musik auf Euch.

Wir freuen uns, wenn Ihr mit uns feiert!

Emilia + Stefan

Bitte sagt uns bis zum 20. August Bescheid, ob wir mit Euch rechnen können.

Danke!

PS: Warme Kleidung für den späteren Abend nicht vergessen!

Einladung zum Geburtstag

Empfänger: Nachbarn

Liebe Frau Schäfers, lieber Herr Schäfers,

**ich möchte meinen 50. Geburtstag gern in geselliger Runde
mit Freunden und Nachbarn feiern.**

Am Samstag, den 23. Oktober 2021 findet daher um 19 Uhr bei uns zu Hause
ein kleines Fest statt, zu dem ich Sie sehr herzlich einlade.

Für Essen und Trinken ist reichlich gesorgt.

Bringen Sie nur gute Laune mit!

Herzliche Grüße

Ihr David Hill

Bitte geben Sie uns bald Bescheid, ob Sie mit uns feiern. Tel. 089 7799911

Einladung zur Einweihungsfeier

Empfänger: gute Freundin

An: gina-leitzach@postfach.de
CC:
Betreff: Einweihungsfeier Wohnung

Liebe Gina,

endlich ist es so weit: Michael und ich ziehen in unsere neue Wohnung!

Aus diesem Anlass laden wir dich ganz herzlich zu einer kleinen Party ein:

am Samstag, den 6. November 2021 um 20 Uhr Rosenstraße 34, 5. Stock links

Für Getränke ist reichlich gesorgt. Es wäre schön, wenn du fürs Buffet einen
Salat oder etwas Süßes mitbringen könntest.

Wir freuen uns, wenn du mit uns feierst. Dein Freund Martin ist natürlich auch
herzlich willkommen!

Liebe Grüße

Kirsten

Bitte sag uns bis zum 31. Oktober Bescheid, ob du Zeit und Lust hast.
Eine Nachricht oder ein Anruf genügt: 0177 234578889 oder 089 422599

Einladung zum Elternabend   Empfänger: Eltern der Klasse 6c

An: vosse@postfach.de
CC:
BCC: berger@postfach.de; bergmann@webmail.com; christensen@webmail.com; ...
Betreff: Einladung zum Elternabend am 29.07.2022

Liebe Eltern der Klasse 6c,

seit unserem letzten Elternabend sind bereits vier Monate vergangen. Von einigen Eltern wurde der Wunsch geäußert, dass vor den Sommerferien ein weiteres Treffen stattfinden sollte.

Dafür habe ich in der Nähe der Schule den Nebenraum eines Lokals reserviert, sodass wir uns in Ruhe unterhalten können. Der Termin für das nächste Treffen:

Freitag, 29. Juli 2022, 19 Uhr
Restaurant „Zur Quelle"
Am Beispring 167

Ich freue mich auf einen regen Austausch.

Mit den besten Grüßen

Tine Vosse
Elternsprecherin

Übungen

1) Katharinas Einladung: Nummerieren Sie die Sätze in der richtigen Reihenfolge.

a) Deine Katharina

b) Bitte gib mir bald Bescheid, ob Du kommen kannst.

c) Die Party findet am 18. September 2021 ab 18 Uhr bei mir im Party-keller statt.

d) ich möchte Dich ganz herzlich zu meinem 15. Geburtstag einladen.

e) Deine Eltern können Dich um spätestens 23 Uhr wieder bei uns abholen.

f) Liebe Saskia,

1	2	3	4	5	6
f					

2) Einladung an eine Freundin: Ergänzen Sie. Achten Sie auf die korrekte Form der Verben.

genügen – Bescheid sagen – einladen – kommen – mitbringen – einziehen – Feiern – willkommen sein – sich freuen – können – können

Liebe Jeanette,

es gibt einen Grund zum (1.) *Feiern* ! Thomas und ich (2.) _____ in unsere neue

Wohnung _____.

Deshalb (3.) _____ wir dich ganz herzlich zu einer kleinen Einweihungsfeier _____:

am Freitag, den 17. Dezember 2021 ab 20 Uhr am alten Broich 11, 5. Stock links.

Ich würde (4.) _____ _____, wenn du fürs Buffet einen Salat oder eine Nach-

speise (5.) _____ (6.) _____.

Martin (7.) _____ natürlich auch herzlich _____.

Liebe Grüße

Deine Kerstin

Bitte (8.) _____ uns bis zum 15. November _____, ob ihr

(9.) _____ (10.) _____.

Ein kurzer Anruf oder eine Nachricht (11.) _____: 089 4549766.

3) Schreibtraining

Schreiben Sie zwei Einladungen zu einer Nachbarschafts-Grillparty im Garten, und zwar einmal in der Sie-Form und einmal in der Du-Form:

Freitag, 18. Juni 2022, 18 Uhr in Ihrem Garten. Getränke, Steaks und Würstchen haben Sie gekauft, die Gäste sollen Salate fürs Buffet mitbringen. Zusage erwünscht bis zum 27. Mai.

F2 Danksagungen

Gründe, um Danke zu sagen, gibt es viele. Sie freuen sich über eine Einladung, über Geschenke und Glückwünsche zum Geburtstag oder möchten sich für tröstende Worte nach einem Trauerfall bedanken. Ein Brief oder eine Karte mit einem Dankeschön pflegt gute Kontakte zu anderen Menschen. In bestimmten Situationen wird eine Danksagung sogar erwartet: nach Glückwünschen und Geschenken zur Hochzeit, zu runden Geburtstagen oder nach Kondolenzschreiben. Eine Danksagung in Form eines Briefes oder einer Karte kann formlos sein. Sie ist am persönlichsten, wenn sie mit der Hand geschrieben ist.

Tipp
Waren sehr viele Personen anwesend oder haben gratuliert, kann man auch Danksagungskarten drucken lassen. Setzen Sie ein paar persönliche Worte unter den gedruckten Text – und das Danke wirkt viel individueller.

Mustertexte

Danksagung nach einer Hochzeit   Empfänger: Gratulantin, die nicht eingeladen war

Liebe Frau Fuchs,

vielen Dank für Ihre Glückwünsche zu unserer Hochzeit und die schöne Vase, mit der Sie uns eine große Freude bereitet haben.
Schön, dass Sie an uns gedacht haben.

Mit den besten Grüßen

Leonie und Moritz Winkler

Danke!

Danksagung nach einer Hochzeit   Empfänger: Gäste

Unser Hochzeitsfest war wunderschön. Als unsere Gäste habt Ihr dazu beigetragen, dass dieser besondere Tag unvergesslich bleiben wird.

Wir sind überwältigt von den vielen lieben Glückwünschen, Geschenken und tollen Überraschungen.

Dafür sagen wir Danke!

Liebe Eva, lieber Josef,

über Euer Geschenk haben wir uns sehr gefreut.
Gern lösen wir den Gutschein im Restaurant „Zur Krone" ein
und werden dabei an Euch denken!

Es grüßen Euch herzlich

Kathrin und Max

Danksagung für ein Kondolenzschreiben   Empfänger: Nachbar

Lieber Herr Burger,

für Ihre Anteilnahme am Tod meines Vaters danke ich Ihnen sehr.

Es ist eine große Hilfe, den Schmerz und die Trauer mit anderen zu teilen. Ihre persönlichen Worte waren mir eine große Stütze.

Herzliche Grüße

Ihre Gabi Pawel

Übungen

4) Danksagung an Frau Bokel: Groß- oder Kleinschreibung – was ist korrekt?

Liebe Frau Bokel,

vielen Dank für (1.) Ihre/ihre Glückwünsche und (2.) Ihr/ihr schönes Geschenk, mit dem (3.) Sie/sie (4.) Uns/uns eine große Freude bereitet haben. Besonders haben (5.) Wir/wir (6.) Uns/uns darüber gefreut, dass (7.) Sie/sie (8.) Sich/sich trotz (9.) Ihres/ihres vollen Terminkalenders Zeit genommen haben, diesen besonderen Tag mit (10.) Uns/uns zu feiern.

Mit den besten Grüßen

Wiebke und Benjamin Hartmann

5) Dankschreiben an Sonja und Kevin: Ergänzen Sie die Pronomen.

Liebe Sonja, lieber Kevin,

vielen Dank für (1.) *Eure/eure* Glückwünsche und (2.) _____ schönes Geschenk, mit dem (3.) _____ (4.) _____ eine große Freude bereitet habt. Besonders haben (5.) _____ (6.) _____ darüber gefreut, dass (7.) _____ (8.) _____ trotz (9.) _____ vollen Terminkalenders Zeit genommen habt, diesen besonderen Tag mit (10.) _____ zu feiern.

Mit den besten Grüßen

Wiebke und Benjamin Hartmann

6) Schreibtraining

Bedanken Sie sich bei einer guten Freundin für die Einladung zu ihrem Geburtstagsfest.

_____
_____
_____
_____

F3 Absagen

Wenn Sie eine Einladung nicht annehmen, ist es höflich, abzusagen. Absagen können Sie telefonisch, per Messengernachricht oder per E-Mail. Melden Sie sich so früh wie möglich, damit die Gastgeberinnen und Gastgeber dies bei den Planungen berücksichtigen können.

Eine Absage können Sie so gliedern:

- Bedanken Sie sich für die Einladung.
- Sagen Sie dann, dass Sie nicht kommen können.
- Begründen Sie Ihre Absage. (Je feierlicher der Anlass der Einladung, desto plausibler sollten die Gründe für die Absage sein.)
- Zum Schluss können Sie – wenn Sie wollen – Ihr Bedauern wiederholen bzw. schreiben, dass Sie beim nächsten Fest gern wieder dabei wären.
- Bei Einladungen zum Geburtstag usw. schließen Sie Ihre Absage mit einem Glückwunsch und einer Grußformel.

> Es kommt vor, dass man private oder berufliche Termine absagen oder verschieben muss. Es ist höflich, einen guten Grund für die Absage zu nennen. Außerdem ist es üblich, entweder um einen neuen Termin zu bitten oder anzubieten, dass Sie sich wegen eines Ersatztermins noch einmal melden.

Mustertexte

Absage: Einladung zur Hochzeit   Absender: gute Freunde des Brautpaars

An: vero-und-martin@postfach.de
CC:
Betreff: Eure Hochzeit

Liebe Vero, lieber Martin,

vielen lieben Dank für die herzliche Einladung zu Eurer Hochzeitsfeier, über die ich mich sehr gefreut habe.

Leider kann ich zu Eurem Fest nicht kommen, da ich Mitte Mai geschäftlich im Ausland bin. Wie gern hätte ich diesen besonderen Tag mit Euch gefeiert!

Ich wünsche Euch eine wunderbare, fröhliche Feier und zahlreiche Geschenke. Mein Geschenk bekommt Ihr dann per Post aus Mailand. Sobald ich wieder in Deutschland bin, komme ich zum Gratulieren persönlich vorbei.

Liebe Grüße

Euer Manuel

Absage: Einladung zum 65. Geburtstag   Absender: Geschäftspartner

---

An: e.hubertus@postfach.de
CC:
Betreff: Absage Geburtstagsfeier

Liebe Frau Hubertus,

über die herzliche Einladung zu Ihrem 65. Geburtstag habe ich mich sehr gefreut.

Leider kann ich an Ihrer Feier nicht teilnehmen, da ich an diesem Tag einen wichtigen beruflichen Termin in Hamburg habe, den ich nicht verschieben kann. Ich hoffe, Sie haben dafür Verständnis.

Ich wünsche Ihnen auf diesem Wege alles Liebe und Gute zum Geburtstag. Bleiben Sie so gesund und munter wie bisher!

Mit den besten Grüßen

Irene Gortmann

Absage: Termin beim Rechtsanwalt   Absender: Klient

An: info@kanzlei-klueber.net
CC:
Betreff: Absage Termin 10.09.2021

Sehr geehrte Frau Dr. Klueber,

den Termin am 10.09.2021 um 9.30 Uhr in Ihrer Kanzlei muss ich leider kurzfristig wegen eines unvorhergesehenen Krankenhausaufenthalts absagen.

Ich melde mich in den nächsten Tagen bei Ihrer Sekretärin, um einen neuen Termin zu vereinbaren. Ich hoffe, dass ich ab dem 29.09.2021 in Ihre Kanzlei kommen kann.

Vielen Dank für Ihr Verständnis.

Mit freundlichen Grüßen

Lukas Palmhuber

Absage: Vorstellungsgespräch Absender: Bewerberin

An: ewers@interfair.net

CC:

Betreff: Absage Vorstellungsgespräch 23.09.2021

Sehr geehrte Frau Ewers,

vielen Dank für die freundliche Einladung zum Vorstellungsgespräch am 23.09.2021 in München.

Ich bin an der ausgeschriebenen Stelle sehr interessiert. Leider kann ich den vorgeschlagenen Termin nicht wahrnehmen, da ich zu dieser Zeit für meinen jetzigen Arbeitgeber auf einer Messe tätig bin.

Ich bitte Sie, einen neuen Termin für ein Vorstellungsgespräch vorzuschlagen. Am günstigsten wäre für mich der Zeitraum zwischen dem 27.09. und dem 01.10.2021. In dieser Zeit habe ich Urlaub und bin daher flexibel.

Mit freundlichem Gruß

Kirsten Westermaya

Übungen

7) Absage Hochzeit: Nummerieren Sie die Sätze in der richtigen Reihenfolge.

a) Wenn ich wieder in Deutschland bin, komme ich gern persönlich zum Gratulieren vorbei.

b) Thorsten Heitkampen

c) Liebe Frau Edel,

d) Leider kann ich an Ihrer Feier nicht teilnehmen.

e) über die herzliche Einladung zu Ihrem Hochzeitsfest habe ich mich sehr gefreut.

f) Ich hoffe, Sie haben dafür Verständnis.

g) lieber Herr Edel,

h) Ich bin an diesem Tag auf Geschäftsreise im Ausland.

i) Mit den besten Grüßen

j) Ich wünsche Ihnen auf diesem Wege ein wunderschönes Hochzeitsfest mit lieben Gästen und vielen Geschenken.

1	2	3	4	5	6	7	8	9	10
c									

8) Absage Vorstellungsgespräch: Ergänzen Sie.

~~Absage~~ – Stelle – Termin – Ausland – Frau – Einladung – Datum – Zeit – Termin – Vorstellungsgespräch – Dank – Gruß

● ● ●

An: rudolph@interlogistics.net
CC:
Betreff: (1.) *Absage* Vorstellungsgespräch 13.09.2021

Sehr geehrte (2.) _____ Rudolph,

vielen (3.) _____ für die freundliche (4.) _____ zum

(5.) _____ am 13.09.2021 in Mainz.

Ich bin an der ausgeschriebenen (6.) _____ sehr interessiert. Leider kann

ich den vorgeschlagenen (7.) _____ nicht wahrnehmen, da ich zu dieser

(8.) _____ geschäftlich im (9.) _____ bin.

Ich bitte Sie daher, einen neuen (10.) _____ vorzuschlagen. Am besten würde

mir ein (11.) _____ zwischen dem 20. und 24.09.2021 passen.

Mit freundlichem (12.) _____

Marko Wernert

9) Schreibtraining

Schreiben Sie eine Absage (in der Sie-Form): Sie haben einen geschäftlichen Termin in Hamburg, den Sie nicht verschieben können, und müssen die Teilnahme an einer Feier zum 50. Geburtstag absagen. Der Gastgeber ist ein Arbeitskollege und heißt Herr Fischer. Er wohnt in Günzburg.

_____

_____

_____

_____

_____

_____

_____

F4 Glückwünsche

Zur Pflege guter Kontakte zu Verwandten, Bekannten, Freunden und Kollegen gehören Glückwünsche zu besonderen Anlässen. Eine Karte mit diesen Glückwünschen legen Sie Ihrem Geschenk bei, falls Sie zu den Gästen gehören. Sie können die Glückwünsche auch mit der Post schicken, wenn Sie nicht zum Kreis der Gäste zählen.

Üblich sind Glückwünsche

- zum Geburtstag
- zur Hochzeit
- zur Geburt
- zu besonderen Ereignissen (Jubiläen, Kommunion/Konfirmation, Schulabschluss, Abschluss des Studiums etc.)

> **Tipp**
> Falls Sie Ihre Glückwünsche mit einem Geschenk verbinden, weisen Sie in Ihrem Schreiben kurz darauf hin. So weiß die Empfängerin oder der Empfänger auch nach der Feier noch, welches Geschenk sie oder er von Ihnen bekommen hat. Damit erleichtern Sie Ihren Gastgeberinnen und Gastgebern die in diesem Fall meist üblichen Danksagungen.

Mustertexte

Glückwünsche zum Geburtstag   Empfänger: Geschäftspartner

An: schwengler@interlogistics.net
CC:
Betreff: Herzlichen Glückwunsch!

Sehr geehrter Herr Schwengler,

herzlichen Glückwunsch zu Ihrem 45. Geburtstag!

Ich wünsche Ihnen alles Gute für die Zukunft, vor allem Gesundheit und weiterhin viel Erfolg bei Ihren geplanten Projekten in diesem Jahr.

Mit den besten Grüßen

Ihr Fabian Ludreich

Glückwünsche zum Geburtstag
Empfänger: gute Freundin

Glückwünsche zur Hochzeit
Empfänger: Arbeitskollegin

Liebe Magda,

alles Liebe und Gute zu Deinem
25. Geburtstag!

Leider können wir dieses Jahr nicht
zusammen feiern. Ich wünsche Dir
ein wunderschönes Fest, viele tolle
Geschenke und ganz viel Glück, Spaß
und Gesundheit in Deinem neuen
Lebensjahr.

Ich hoffe, mein Geschenk gefällt Dir. Ich
habe den Schal von meiner Reise nach
Südafrika mitgebracht, weil ich weiß,
dass Du solche bunten Muster sehr gern
magst.

Hoffentlich können wir bald mit einem
Glas Sekt auf Dich anstoßen!

Liebe Grüße

Deine Anna

Liebe Frau Kahl,

wie sagte schon Johann Gottfried von Herder?
„Denn das Glück, geliebt zu werden, ist das
höchste Glück auf Erden."

In diesem Sinne gratuliere ich Ihnen ganz
herzlich zu Ihrer Hochzeit und wünsche Ihnen
und Ihrem Mann viel Glück und Freude für
Ihren weiteren gemeinsamen Lebensweg.

Ihr Hochzeitstag wird sicher ein unvergesslicher
Tag in Ihrem Leben sein. Ich werde an diesem
Tag ganz fest an Sie denken!

Alles Liebe

Ihre Melanie Wlochmann

Glückwünsche zur Geburt
Empfänger: befreundete Nachbarn

Glückwünsche zum Schulabschluss
Empfänger: Patenkind

Liebe Andrea,
lieber Michael,

wir freuen uns mit Euch über die Geburt Eures Sohnes Daniel. Herzlichen Glückwunsch!

Wir wissen, wie sehr Ihr Euch dieses Kind gewünscht habt. Endlich seid Ihr eine kleine Familie und bestimmt schon ganz neugierig, welche Veränderungen die kommende Zeit bringen wird.

Falls Ihr in Zukunft einen Babysitter braucht: Wir bieten Euch gern an, auf Daniel aufzupassen.

Hoffentlich gefällt Euch der Strampelanzug, den wir für Daniel ausgesucht haben.

Liebe Grüße

Eure Rinkes

Liebe Susanne,

herzlichen Glückwunsch zum bestandenen Abitur! Die Arbeit und Mühe der letzten Zeit haben sich gelohnt. Toll, dass du so einen guten Abschluss geschafft hast!

Ich wünsche dir für deine weitere Zukunft alles erdenklich Gute. Deinen Plan, vor dem Studium eine Ausbildung zur Bankkauffrau zu machen, finde ich gut. Diese praktische Erfahrung kann dir in deinem späteren Berufsleben großen Nutzen bringen.

Ich weiß, dass du gern eine längere Reise machen möchtest. Das beiliegende Geldgeschenk soll dazu beitragen, dass diese Reise nicht nur ein Traum bleibt.

Viele herzliche Grüße

Deine Patentante Annika

Glückwünsche zur goldenen Hochzeit Empfänger: Bekannte

„Einen Menschen zu lieben
heißt einzuwilligen,
mit ihm alt zu werden."

Albert Camus

Sehr geehrte Frau Jürgensmeier,
sehr geehrter Herr Jürgensmeier,

ich gratuliere Ihnen auf diesem
Wege ganz herzlich zur goldenen
Hochzeit.

Sie haben sich sicher lange auf
diesen Tag gefreut. Ich wünsche
Ihnen, dass er genauso schön
und unvergesslich wird, wie Sie
ihn sich vorgestellt haben und
dass Sie ihn gebührend feiern
können: mit einem großen und
fröhlichen Fest im Kreise Ihrer
Familie und Freunde.

Mit den besten Wünschen für die
nächsten Jahre

Ihre

Wiktoria Webel

Übungen

10) Verben und Nomen: Schreiben Sie das Nomen mit Artikel.

1. wünschen   –   *der Wunsch*

2. gratulieren   –   _____

3. schenken   –   _____

4. freuen   –   _____

5. hoffen   –   _____

6. grüßen   –   _____

7. feiern   –   _____

11) Glückwunsch an den Arbeitskollegen Buschkühle:
Schreiben Sie die Anredepronomen in der Sie-Form.

Lieber Herr Buschkühle,

wir gratulieren Dir ganz herzlich zu Deinem 50. Geburtstag
und wünschen Dir alles Liebe und Gute für Deine Zukunft,
vor allem Erfolg im Beruf und Gesundheit.

Wir schätzen Dich als guten Kollegen und hoffen, dass unser Team
noch viele Jahre zusammenarbeiten kann.

Hoffentlich gefällt Dir das Geschenk, das wir gemeinsam für Dich
ausgesucht haben – ein neuer Fußball für Dein Hobby.

Mit den besten Grüßen

Deine Kollegen aus der Buchhaltung

12) Glückwünsche an Frau Tenne: Ergänzen Sie die korrekte Form.

bleiben – ~~sich freuen~~ – wünschen – zurückdenken – gratulieren – hoffen – wünschen – sich freuen

Liebe Frau Tenne,

über die Neuigkeiten zu Ihrer bevorstehenden Hochzeit habe ich (1.) *mich* sehr *gefreut*.

Ich (2.) _____ Ihnen und Ihrem Mann ganz herzlich und (3.) _____ Ihnen auf diesem Wege alles Gute für Ihren gemeinsamen Lebensweg.

Ihr Hochzeitstag wird Ihnen sicher unvergesslich (4.) _____. Ich (5.) _____ Ihnen ein wunderschönes Fest im Kreis Ihrer Familie und Freunde, an das Sie immer gerne (6.) _____ werden.

Ich (7.) _____, dass Sie (8.) _____ über das beiliegende kleine Geschenk _____.

Mit den besten Grüßen

Saskia Wegehaupt

13) Glückwunschschreiben zu Timos Geburt: Welche Wörter schreibt man groß? Manchmal ist Klein- und Großschreibung korrekt.

liebe anna,

lieber michael,

herzlichen glückwunsch zur geburt eures sohnes timo.

Wir freuen uns sehr, dass euer großer wunsch in erfüllung gegangen ist und ihr nun endlich eine kleine familie seid.

genießt die kostbare zeit mit dem neuen erdenbürger – die kinder werden so schnell groß! falls ihr in zukunft einen babysitter braucht, dann stehen wir euch gerne zur verfügung.

wir hoffen, dass euch unser kleines geschenk für timo freude bereitet. Wir haben als eltern die erfahrung gemacht, dass man am anfang nie genug strampelanzüge haben kann.

alles liebe und gute für die zukunft

eure

gärtners

14) Schreibtraining

Gratulieren Sie Ihren guten Freunden Alina und Mirko zur Geburt ihrer Tochter Lilli. Sie bieten sich für die Zukunft als Babysitter an und haben Lilli als Geschenk ein Kuscheltier gekauft.

F5 Briefe und Karten zu Weihnachten & Co

Weihnachten und Neujahr, aber auch Ostern sind Feste, zu denen man Briefe oder Karten schreibt. Grüße zu Weihnachten bzw. Neujahr festigen gute Beziehungen, pflegen alte Kontakte oder bauen neue Kontakte auf – das gilt sowohl für den privaten Bereich als auch für Geschäftsbeziehungen. Mittlerweile ist es auch üblich, zu Weihnachten oder anderen Feiertagen E-Mails und Messengernachrichten zu verschicken.

Machen Sie sich frühzeitig Gedanken über Ihre Weihnachtspost & Co:

- Wer erwartet Post zu Weihnachten?
- Wem möchten Sie einen Weihnachtsgruß schicken?
- Rückblick: Was brachte das vergangene Jahr?
- Ausblick: Was erwarten Sie vom neuen Jahr?
- Geschäftlich: Was war an der Zusammenarbeit besonders positiv?

Hier einige Standardgrüße:
Frohe Weihnachten und einen guten Rutsch ins neue Jahr!
Ein frohes Weihnachtsfest und ein gutes neues Jahr wünscht/wünschen Ihnen …
Herzliche Grüße zu Weihnachten und alles Gute für das neue Jahr!
Frohe Ostern wünscht/wünschen Ihnen …
Fröhliche Ostern wünscht/wünschen Euch/euch …

Tipp
Zu Weihnachten, Neujahr und Ostern werden oft vorgedruckte Karten verschickt. Ein paar persönliche Worte machen den Unterschied – Ihre Grüße bleiben der Empfängerin oder dem Empfänger länger im Gedächtnis.

Mustertexte

Weihnachtsgrüße Empfänger: Freunde

Liebe Lydia, lieber Herbert,

wir wünschen Euch und Euren Kindern ein frohes Weihnachtsfest und ein glückliches neues Jahr.

Schade, dass wir uns im vergangenen Jahr so selten gesehen haben. Die Familie und der Beruf, das alles kostet viel Zeit, sodass für private Treffen leider oft die nötige Zeit fehlt.

Ein guter Vorsatz für das nächste Jahr sollte sein, dass wir uns wieder öfter sehen. Wie wäre es mit einem Treffen gleich im Januar, vielleicht am letzten Wochenende, bei uns am Sonntag zum Kaffeetrinken?
Wir würden uns sehr freuen, wenn Ihr Zeit und Lust hättet!

Mit lieben Grüßen aus Wiesbaden
Eure Karwendels

Weihnachtsgrüße Empfänger: Geschäftspartner

An: lembeck@klustermann.de
CC:
Betreff: Weihnachtsgrüße von der Tesore AG/Italien

„Wird's besser?", „Wird's schlimmer?", fragt man sich alljährlich.
Seien wir ehrlich: Leben ist immer lebensgefährlich. (Erich Kästner)

Sehr geehrter Herr Lembeck,

herzliche Grüße zu Weihnachten und alles Gute für das neue Jahr!
Wie das Zitat von Erich Kästner besagt, weiß niemand, was das neue Jahr bringen wird. 2020 haben wir viele Projekte gemeinsam bewältigt. Die Tesore AG bedankt sich ganz herzlich für die gute und erfolgreiche Zusammenarbeit. Wir freuen uns auf das kommende Jahr – und darauf, mit Ihnen zusammen wieder neue Vorhaben in Angriff zu nehmen.

Für das neue Jahr wünsche ich Ihnen Glück, Erfolg und vor allem Gesundheit.
Ihnen und Ihrer Familie erholsame und friedliche Weihnachtstage

Ihr
Roberto Carterano
Geschäftsführung Tesore AG

Übungen

15) Weihnachtsbrief an Onkel Rudi: Setzen Sie den Brief richtig zusammen.

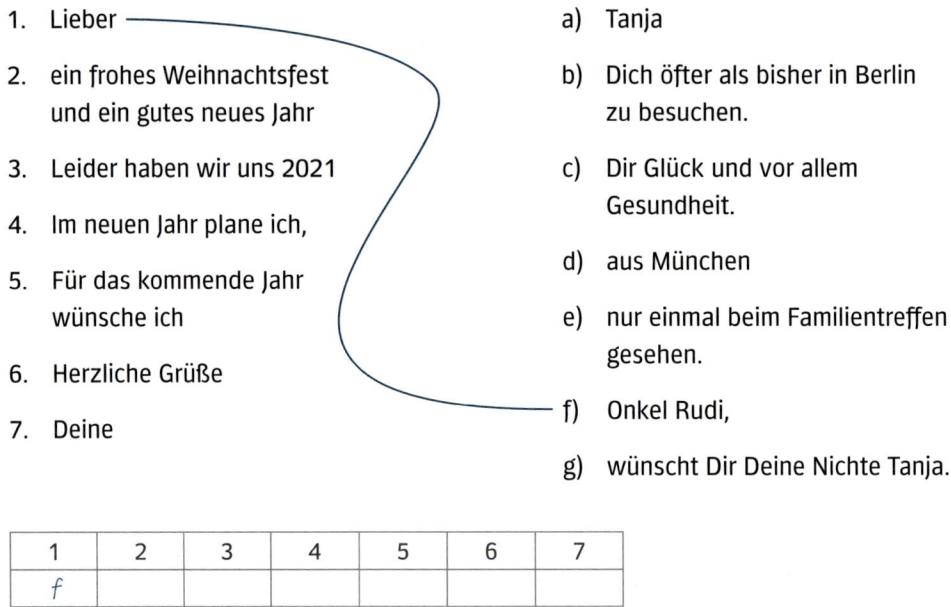

1. Lieber

2. ein frohes Weihnachtsfest und ein gutes neues Jahr

3. Leider haben wir uns 2021

4. Im neuen Jahr plane ich,

5. Für das kommende Jahr wünsche ich

6. Herzliche Grüße

7. Deine

a) Tanja

b) Dich öfter als bisher in Berlin zu besuchen.

c) Dir Glück und vor allem Gesundheit.

d) aus München

e) nur einmal beim Familientreffen gesehen.

f) Onkel Rudi,

g) wünscht Dir Deine Nichte Tanja.

1	2	3	4	5	6	7
f						

16) Schreibtraining

Schreiben Sie einen Weihnachtsbrief an eine Geschäftspartnerin, Frau Gerhardt. Bedanken Sie sich für die gute Zusammenarbeit. Stellen Sie in Aussicht, dass Sie weitere Projekte mit ihr planen.

F6 Kondolenzbriefe

Trauer und Beileid schriftlich auszudrücken – in Kondolenzschreiben oder Trauerkarten – ist schwierig. Man ist unsicher, ob man die richtigen Worte findet, um jemandem sein Mitgefühl zu zeigen. Der Stil und Inhalt eines Kondolenzbriefes hängt von der Beziehung zur verstorbenen Person und deren Familie ab: Je enger das Verhältnis, desto persönlicher sollten Sie den Brief formulieren. Bei Todesfällen, die Sie persönlich nicht unmittelbar berühren, bei denen Sie aber den Angehörigen Ihre Teilnahme aussprechen möchten, können Sie Standardformulierungen verwenden.

Hier einige Beispielsätze für solche Schreiben:
Wir sind vom Tod Ihres Mannes sehr betroffen und fühlen uns in Trauer mit Ihnen verbunden.
Zum Tode Ihrer Mutter spreche ich Ihnen meine herzliche Anteilnahme aus.
Der Tod Ihres Vaters erfüllt uns mit Trauer.

Wenn Sie eine engere Beziehung zur Empfängerin oder zum Empfänger des Kondolenzschreibens haben, sollten Sie auf Wendungen wie *tiefes Beileid aussprechen*, *zutiefst betroffen* oder *in tiefer Trauer* verzichten. In diesem Fall ist weniger mehr: Drücken Sie Ihre Trauer und Ihr Mitgefühl mit möglichst einfachen Worten aus. Hilfsangebote, eine Einladung zum Gespräch oder Formulierungen wie *Ich bin in Gedanken bei Dir* sollten Sie nur verwenden, wenn Sie auch tatsächlich bereit sind, für die Person da zu sein.

Ein persönlicher Kondolenzbrief könnte so aufgebaut sein:

- Teilen Sie mit, wie Sie von dem Todesfall erfahren haben.
- Sprechen Sie Ihr Beileid aus.
- Formulieren Sie einige nette Worte über den Verstorbenen.
- Ergänzen können Sie, dass Sie die verstorbene Person nicht vergessen werden.
- Am Ende des Briefes sprechen Sie Ihren Trost aus und bieten Ihre Hilfe an.

Als Gruß kann allgemein unter Beileidsbriefen stehen:
Mit stillem Gruß
Mit herzlicher Anteilnahme
Mit aufrichtiger Anteilnahme
In tiefer Betroffenheit
In aufrichtiger Verbundenheit

Mustertexte

Kondolenzschreiben beim Tod des Ehemannes   Empfänger: Geschäftspartnerin

Sehr geehrte Frau Ludwig,

die Nachricht vom Tod Ihres Mannes, die uns gestern erreichte, hat uns tief erschüttert. Zu diesem schweren Verlust sprechen wir Ihnen und Ihrer Familie unser Beileid aus.

Wir haben einen Menschen verloren, der sich mit Tatkraft und Engagement für unsere gemeinsamen Projekte eingesetzt hat. In schwierigen Zeiten war er uns Vorbild und hat uns stets Wege gezeigt, alle Schwierigkeiten zu meistern. Seine Erfahrung, seine Kompetenz und seine aufrichtige, freundliche Art werden uns fehlen. Wir werden Ihrem Mann immer ein ehrendes Andenken bewahren.

In aufrichtiger Verbundenheit
Ihre
Familie Kohlhase

Kondolenzschreiben: Tod des Vaters   Empfänger: Freundin

Liebe Melanie,

gestern habe ich aus der Zeitung erfahren, dass Dein Vater nach seinem langen Leiden verstorben ist. Diese Nachricht hat mich sehr traurig gemacht.

Ich habe Deinen Vater als einen stets hilfsbereiten und freundlichen Menschen kennengelernt. Er hat Anteil an meinem Leben genommen und nicht selten Rat und Trost gespendet, wenn es nötig war. Ich kann Deinen Verlust nachfühlen und bin in Gedanken bei Dir.

Ich hoffe, dass Du in Deiner Familie Unterstützung in dieser schweren Zeit findest. Wenn ich Dir in irgendeiner Weise helfen kann, ruf mich an. Ich bin für Dich da.

In herzlicher Anteilnahme
Deine
Lea

Übungen

17) Zwei Beileidsbriefe: Lesen Sie die beiden Kondolenzschreiben. Zu wem hatte Rosalie Bokel eine persönlichere Beziehung?

☐ A

> Lieber Herr Glaser,
>
> ich habe heute in der Zeitung gelesen, dass Ihre Mutter am vergangenen Mittwoch gestorben ist. Ich möchte Ihnen auf diesem Wege mein aufrichtiges Beileid aussprechen und wünsche Ihnen die nötige Kraft, um mit diesem Verlust umzugehen.
>
> Mit stillem Gruß
>
> *Rosalie Bokel*

☐ B

> Liebe Lara,
>
> über den Tod deiner Mutter, von dem ich gestern gehört habe, bin ich sehr traurig. Es fällt mir schwer, tröstende Worte für diesen Verlust zu finden. Ich weiß, dass du deine Mutter sehr vermissen wirst. Ich wünsche dir die nötige Kraft, um diesen schmerzlichen Verlust zu überwinden.
>
> Falls du meine Hilfe und meinen Beistand brauchst, melde dich bei mir. Ich bin in dieser schweren Zeit immer für dich da.
>
> Mit herzlicher Anteilnahme
>
> *Rosalie*

18) Private Briefe und E-Mails – Abschlussübung: Zu welchem Anlass passen die Sätze?

Hochzeit – Ostern – Geburtstag – Geburt eines Kindes – Krankheit – ~~Danksagung~~ – Absage – Weihnachten/Neujahr – Todesfall

1. Vielen Dank für das schöne Geschenk

   Danksagung

2. Ich wünsche Dir gute Besserung

   _____

3. Frohe Weihnachten und einen guten Rutsch

   _____

4. Die Nachricht hat mich sehr traurig gemacht

   _____

5. Alles Liebe und Gute zum Geburtstag

   _____

6. Fröhliche Ostern wünscht Dir

   _____

7. Herzlichen Glückwunsch zur Geburt Eurer Tochter

   _____

8. Ich muss die Teilnahme an Ihrer Feier leider absagen

   _____

9. Für Ihre gemeinsame Zukunft alles Gute

   _____

G

GESCHÄFTS-KORRESPONDENZ

G1	Anfrage	94
	Mustertexte	95
	Übungen	97
G2	Angebot	99
	Mustertexte	100
	Übungen	102
G3	Auftrag und Auftragsbestätigung	103
	Mustertexte	105
	Übungen	107
G4	Reklamation	109
	Mustertexte	110
	Übungen	112
G5	Rechnung, Zahlungserinnerung und Mahnung	114
	Mustertexte	116
	Übung	120

G Geschäftskorrespondenz

Geschäftsbriefe sind Schreiben zwischen Unternehmen untereinander oder zwischen Unternehmen und Privatpersonen. Schreiben innerhalb eines Unternehmens gehören dagegen nicht zu den Geschäftsbriefen. Aufträge, Bestätigungen, Bestellungen, Mahnungen und Rechnungen zählen – neben den allgemeinen Geschäftsbriefen – zur geschäftlichen Korrespondenz. Formal können die Schreiben ein Brief (auch in PDF-Form als E-Mail-Anhang) oder eine E-Mail sein.

Bei den Formalien und der Gestaltung von Geschäftskorrespondenz gibt es strengere Normen als bei privaten Briefen. Diese Regeln finden Sie in den beiden Kapiteln *Das 1x1 der Korrespondenz* und *Briefe schreiben nach DIN 5008*. Das folgende Kapitel informiert Sie darüber, wie Sie die wichtigsten Textarten im Geschäftsbereich (Anfrage, Angebot, Reklamation, Rechnung etc.) inhaltlich gestalten können.

G1 Anfrage

Eine Anfrage ist eine Bitte oder eine Aufforderung an ein Unternehmen, ein Angebot oder einen Kostenvoranschlag zu machen. Man unterscheidet zwischen allgemeinen und speziellen Anfragen: Mit allgemeinen Anfragen fordern Sie Informationen und Unterlagen an, um sich einen Überblick zu verschaffen. Sie bitten z. B. um Kataloge, Muster, Prospekte, Preislisten, allgemeine Liefer- und Zahlungsbedingungen. Wenn Sie schon wissen, was genau Sie wollen, dann schreiben Sie eine spezielle Anfrage. Darin beschreiben Sie die gewünschte Ware (z. B. Menge, Qualität, Farbe) oder Dienstleistung (z. B. Qualität, Umfang, Termin) so genau wie möglich.

> **Tipp**
> Wenn Sie Ihre Anfrage präzise und sorgfältig formulieren, bekommen Sie Angebote, die alle für Sie notwendigen Angaben (Preise, Zahlungsbedingungen) enthalten und vermeiden Rückfragen.

Hier eine mögliche Gliederung von Anfragen:

- Betreffzeile: *Anfrage ...*
- möglichst persönliche Anrede
- eventuell Information, wie Sie auf den Anbieter aufmerksam geworden sind
- kurze Beschreibung des Unternehmens, eventuell Angabe von Referenzen
- kurze und genaue Beschreibung der benötigten Ware/Dienstleistung
- Bitte um Kataloge, Muster sowie um Angaben zu Lieferzeiten, Zahlungs- und Lieferbedingungen
- eventuell Hinweis auf gewünschte längere Zusammenarbeit
- Dank im Voraus

Mustertexte

Allgemeine Anfrage

An: info@weingut-weinstrasse.de
CC:
Betreff: Anfrage Weine Region Südpfalz

Sehr geehrter Herr Kasper,

Sie wurden uns von einem Partnerunternehmen als innovatives Weingut empfohlen, das Wert auf höchste Qualität und Reinheit seiner Weine legt.

Wir betreiben ein exklusives Restaurant in der Bremer Innenstadt, das seinen langjährigen Kunden ausgewählte, hochwertige Weine anbietet. Wir wollen unser Weinangebot erweitern, vor allem mit Weinen aus verschiedenen Regionen Deutschlands. Aus diesem Grund sind wir an Ihren Weinen aus der Region Südpfalz interessiert, vor allem an den Sorten Weiß- und Grauburgunder, Riesling und Dornfelder.

Bitte schicken Sie uns unverbindlich eine Übersicht über Ihr aktuelles Sortiment, Preislisten und Lieferbedingungen. Senden Sie uns zusätzlich Proben mit je einer Flasche der oben genannten Sorten auf Rechnung.

Bei guter Qualität der gelieferten Weine sind wir an einer längerfristigen Zusammenarbeit mit Ihrem Weingut interessiert.

Vielen Dank im Voraus.

Mit freundlichen Grüßen

Lukas Schäfer

Geschäftsführer Restaurant „Zur Weintraube"

Restaurant Zur Weintraube GmbH
Telefon: 0421 44963-0
E-Mail: lukas.schäfer@weintraube.net
www.weintraube.net

Schneewittchenallee 37
28207 Bremen
Geschäftsführung: Lukas Schäfer
Handelsregister HRB 1234 beim Amtsgericht Bremen
USt.-IDNr. 1234567

Spezielle Anfrage

An: zimmeranfrage@business-hotel-hueber.de
CC:
Betreff: Anfrage Zimmer vom 6. bis 20. August 2022

Sehr geehrte Damen und Herren,

unserer Firma wurde Ihr Hotel empfohlen. Daher bitten wir Sie, uns für den Zeitraum vom 6. bis 20. August 2022 insgesamt sieben Zimmer für unsere Mitarbeiterinnen und Mitarbeiter zu reservieren.

Bitte teilen Sie uns mit, ob es bei Ihnen freie Parkmöglichkeiten gibt und ob Sie uns diese ggf. direkt mitreservieren können. Falls nicht genügend Parkmöglichkeiten zur Verfügung stehen, würden wir zu einer Anreise per Bahn tendieren und Ihren Hotelshuttleservice beanspruchen.

Besteht zudem die Möglichkeit, Konferenzräume für bestimmte Zeitkontingente zu reservieren?

Wir freuen uns auf Ihre Reservierungsbestätigung.

Wenn Sie noch Fragen haben, rufen Sie uns gern unter der Nummer 089 44963-01 an.

Vielen Dank im Voraus.

Freundliche Grüße

i. A. Marc Fischerhütte
Einkauf

Firma Packelmann
Tel. 0421 44963-10
E-Mail: marc.fischerhuette@postfach.net
www.packelmann.de

Schneewittchenallee 37
28207 Bremen
Handelsregister HRB 1234 beim Amtsgericht Bremen
USt-IDNr. 1234567

Übungen

1) Anfrage an eine Webdesign-Agentur: Ergänzen Sie.

Internetauftritt – Überarbeitung – Voraus – empfohlen – ~~Unternehmen~~ – Angebot –
Geschäftspartner – Gestaltung – Firmen-Website – Termin – Produktpalette

---

An: info@perfect-website.de
CC:
Betreff: Anfrage Neugestaltung Internet-Auftritt

Sehr geehrte Damen und Herren,

Ihr (1.) *Unternehmen* wurde uns von unserem (2.) _____,

der Firma ConTex, als kompetenter Ansprechpartner für die (3.) _____

von Websites (4.) _____.

Wir sind ein expandierender Catering-Betrieb, der Familienfeste, Betriebsfeiern etc.

mit kalten und warmen Speisen sowie Getränken beliefert. Nun wollen wir unseren

(5.) _____ neu und werbewirksamer gestalten. Die Neu-

gestaltung soll folgende Punkte umfassen:

– den Einbau eines Werbevideos in die bestehende (6.) _____

– die Einarbeitung neuer Fotos, die unsere (7.) _____ zeigen

– die (8.) _____ der Navigation, sodass diese übersichtlicher

  und komfortabler bedient werden kann.

Bitte schicken Sie uns für die oben genannten Arbeiten ein unverbindliches

(9.) _____. Teilen Sie uns auch mit, bis zu welchem (10.) _____ Sie

unsere Website neu gestalten können.

Für telefonische Rückfragen stehen wir unter 089 4496301 zur Verfügung.

Vielen Dank im (11.) _____!

Freundliche Grüße
i. A. Hanna Burgelmann

Marcel Bräustüberl Catering KG

...

---

2) Textbausteine Anfrage: Setzen Sie die Satzteile richtig zusammen.

1. Ihre Firma wurde uns

2. Wir haben Ihre Adresse

3. Wir beziehen uns

4. Wir haben Interesse

5. Wir interessieren uns

6. Wir benötigen

7. Bitte senden Sie uns

8. Bitte schicken Sie uns auch

9. Wir brauchen außerdem Angaben

10. Bei guter Qualität sind wir

11. Bei guter Qualität können Sie

a) an Ihrem Weinsortiment.

b) von der Industrie- und Handelskammer bekommen.

c) Informationsmaterial zu.

d) für Ihre Produkte.

e) von einem Geschäftspartner empfohlen.

f) auf Ihren Newsletter.

g) an einer längerfristigen Zusammenarbeit interessiert.

h) zu Ihren Liefer- und Zahlungsbedingungen.

i) mit weiteren Aufträgen rechnen.

j) einen Seminarraum für 20 Personen.

k) ein unverbindliches Angebot.

1	2	3	4	5	6	7	8	9	10	11
e										

G2 Angebot

Auf eine Anfrage folgt ein Angebot oder ein Kostenvoranschlag, der der Kundin oder dem Kunden zeigt, was der Auftrag kosten würde. Auf allgemeine Anfragen schicken Sie per E-Mail oder Brief ein Schreiben, in dem Sie sich für das Interesse bedanken. Die gewünschten Informationen wie Kataloge, Preislisten und Geschäftsbedingungen liegen als Anlagen bei.

Auf eine spezielle Anfrage reagieren Sie, indem Sie ein Angebot schicken, das genau auf die Anfrage des Kunden eingeht.

Ein Angebot enthält folgende Bausteine:

- Betreff: Angabe, auf welche Anfrage sich das Angebot bezieht bzw. Angebotsnummer
- Dank für das Interesse, kurze Einleitung
- Angaben zur Ware oder Dienstleistung (Art, Menge, Größe, Farbe, Qualität)
- Preis inkl. Angaben zur Mehrwertsteuer
- Liefer- und Zahlungsbedingungen, inkl. Angaben zu Lieferzeit und evtl. Skonto
  (= Preisnachlass bei Zahlung innerhalb eines bestimmten Zeitraums)
- allgemeine Geschäftsbedingungen
- Hinweis, wie lang das Angebot Gültigkeit hat
- Ansprechpartner bei Fragen
- eventuell Hinweis auf Anlagen

Nach deutschem Recht ist ein Angebot grundsätzlich verbindlich, d. h., so wie Sie angeboten haben, müssen Sie auch liefern. Sie können die Verbindlichkeit aber einschränken: Entweder Sie geben ein zeitlich befristetes oder aber ein freibleibendes (= unverbindliches) Angebot ab. Formulieren können Sie das wie folgt: *Angebot gültig bis …, Preisänderungen vorbehalten, solange Vorrat reicht* etc.

Mustertexte

Angebot eines Weinguts

An: schikora@restaurant-zimmermann.de
CC:
Betreff: Ihre Anfrage vom 25.07.2021 / Angebot Nr. DZ-21/09

Sehr geehrter Herr Schikora,

vielen Dank für Ihre Anfrage. Wunschgemäß bieten wir Ihnen an:

– 50 Flaschen Weißburgunder zu je 4,50 € pro Flasche (0,75 l)	225,00 €
– 50 Flaschen Grauburgunder zu je 4,50 € pro Flasche (0,75 l)	225,00 €
– 50 Flaschen Riesling zu je 5,20 € pro Flasche (0,75 l)	260,00 €
– 50 Flaschen Dornfelder zu je 5,80 € pro Flasche (0,75 l)	290,00 €

Alle Preise sind Nettopreise und verstehen sich zuzüglich 19 % Mehrwertsteuer und Verpackung.

Lieferung: frei Haus 10 Tage nach Auftragseingang.
Zahlung: innerhalb von 14 Tagen abzüglich 2 % Skonto, innerhalb von 30 Tagen ohne Abzug.

Bitte beachten Sie unsere Verkaufs- und Lieferbedingungen.

Wir freuen uns auf Ihren Auftrag.

Unser Angebot ist gültig bis zum 31. August 2021.

Mit freundlichen Grüßen

Gerald Höxtermann

Weingut Gerald und Sabrina Höxtermann
Telefon: 0421 44963-10
E-Mail: gerald.hoextermann@weingut-hoextermann.de
www.weingut-hoextermann.de

Schneewittchenallee 37
28207 Bremen
Handelsregister HRB 1234 beim Amtsgericht Bremen
USt.-IDNr. 1234567

Kostenvoranschlag eines Weinlokals

(Briefversand als PDF-Anlage von E-Mail)

17. Juni 2021

Ihre Anfrage vom 15.06.2021
Angebot 45/21

Sehr geehrte Frau Piwek,

vielen Dank für das freundliche Telefonat am 15.06.2021 und Ihr Interesse an einer Weinprobe. Dazu erhalten Sie heute unser Angebot:

Beschreibung	Einzelpreis	Menge	Gesamt
Führung historische Altstadt	€ 3,–/ Person	20 Personen	€ 60,00
Busfahrt zur Burg Schwaneck			€ 80,00
Weinprobe mit Verköstigung	€ 15,–/ Person	20 Personen	€ 300,00
Total			**€ 440,00**

im Betrag enthaltene Mehrwehrsteuer (19 %) € 70,25

Wir haben den 09.10.2021 für Ihre Kegelgruppe reserviert. Beginn der Führung ist um 15 Uhr am Marktbrunnen. Etwa um 17 Uhr bringt Sie der Bus zur Burg Schwaneck, wo anschließend die Weinprobe mit Verköstigung stattfindet. Um 20 Uhr werden Sie wieder zum Marktplatz gebracht.

Wir erwarten Ihre telefonische Bestätigung bis spätestens 05.07.2021.

Wenn Sie das Angebot nutzen möchten, überweisen Sie bis zum 10.07.2021 die vereinbarte Anzahlung in Höhe von € 200,– auf eines unserer unten angegebenen Konten.

Das Angebot ist gültig bis zum 10.07.2021.

Freundliche Grüße

Weinstube „Zur Burg Schwaneck"

i. A. Doris Schwalbenstück

...

Übungen

3) Wörter und ihre Bedeutung: Ordnen Sie zu.

Prospekt – Skonto – Frist – Auftrag – Zahlungsbedingungen (Pl.) – Termin – ~~Ware~~ – Versandkosten (Pl.) – frei Haus

1. Erzeugnis, Produkt: *die Ware*

2. Gültigkeit bis zu einem bestimmten Zeitpunkt: *die* _____

3. Zeitpunkt, zu dem z. B. eine Arbeit ausgeführt wird: *der* _____

4. Preisnachlass bei schneller Bezahlung: *der/das* _____

5. Kosten beim Transport von Waren: *die* _____

6. Vorgaben, wann und wie bezahlt werden muss: *die* _____

7. Lieferung ohne Versandkosten: _____

8. Bestellung, Anforderung einer Ware: *der* _____

9. Werbematerial: *der/das* _____

4) Angebot einer Möbelfirma: Ordnen Sie die Sätze sinnvoll und schreiben Sie die Anfrage.

a) Martin Preussham Möbelhaus Neuhaus

b) Alle Preise inklusive 19 % Mehrwertsteuer.

c) Ihre Anfrage vom 04. März 2022 / Angebot 55/22

d) Bitte beachten Sie unsere Liefer- und Zahlungsbedingungen.

e) PS: Für telefonische Rückfragen stehen wir unter 089 234537988 zur Verfügung.

f) – 1 Esstisch, 120 x 180 cm: EUR 980,–

g) Nachstehend erhalten Sie unser Angebot:

h) wir bedanken uns herzlich für Ihr Interesse an unserem Esszimmer-Programm.

i) Das Angebot ist gültig bis zum 31. Mai 2022.

j) Eine Esszimmergarnitur, bestehend aus

k) Mit freundlichen Grüßen

l) Gesamtbetrag: EUR 1.574,–

m) Sehr geehrte Frau Grüner,

n) – 6 Küchenstühlen (pro Stuhl EUR 99,–): EUR 594,–

1	2	3	4	5	6	7	8	9	10	11	12	13	14
c													

G3 Auftrag und Auftragsbestätigung

Auftrag/Bestellung

Aufträge/Bestellungen können telefonisch oder schriftlich erteilt werden. Am besten bestätigen Sie nach einer telefonischen Bestellung Ihren Auftrag noch einmal schriftlich. Wenn der Auftrag auf ein Angebot folgt, enthält er einen deutlichen Bezug zum Angebot.

> **Tipp**
> Präzise Angaben bei Aufträgen und Bestellungen beugen Missverständnissen vor.

Ein Auftrag enthält folgende Angaben:

- Betreff: *Auftrag (über)* ... und Angaben *wie Angebot vom ..., Anzeige in ...*
- Dank für das Angebot oder die Prospekte, Kataloge ...
- Erteilung des Auftrags: Formulierung wie *Wir bestellen ... gemäß* (siehe Betreff)
- präzise Bezeichnung der Ware/Dienstleistung (Bestellnummer, Produktname, Farbe, Qualität, Größe etc.)
- genaue Mengenangabe
- Preis pro Stück und Gesamtpreis
- Lieferzeit oder Termin

Es ist ausreichend, Preise und Menge anzugeben, wenn der Auftrag auf ein Angebot folgt und die Bestellerin oder der Besteller die Verkaufs- und Lieferbedingungen ohne Änderungswünsche akzeptiert hat. Wenn Sie ein festes Angebot annehmen, begründen Sie einen Kaufvertrag: Die Herstellerin oder der Hersteller bzw. die Lieferantin oder der Lieferant muss liefern, Sie müssen die Ware annehmen und bezahlen.

Auftragsbestätigung

Liefer- oder Herstellerfirmen schicken Kundinnen und Kunden eine Auftragsbestätigung, damit ein Kaufvertrag zustande kommt. Eine Auftragsbestätigung ist notwendig, wenn

- Sie ein unverbindliches Angebot geschickt haben,
- Sie noch kein Angebot gemacht haben,
- die Kundin oder der Kunde Ihr ursprüngliches Angebot geändert hat.

Auftragsbestätigungen werden auch verschickt, wenn

- die Kundin oder der Kunde darum gebeten hat,
- eine Bestellung nur mündlich erfolgt ist
- oder ein Auftrag erst nach einer längeren Frist bearbeitet werden kann.

Eine Auftragsbestätigung enthält folgende Informationen:

- Datum der Bestellung (in der Betreffzeile)
- Dank für den Auftrag
- Bestätigung des Auftrags gemäß Bestelldatum (siehe Betreff)
- Bestätigung aller Angaben zur bestellten Ware/Dienstleistung (Name, Artikelnummer), Preise, Menge etc.
- Termin und Art der Lieferung
- Hinweis auf die allgemeinen Geschäftsbedingungen (AGB)

Mustertexte

Auftrag an ein Weingut

An: potthoff@feinspeisen.net

CC:

Betreff: Auftrag / Ihr Angebot vom 24.08.2021

Sehr geehrte Frau Potthoff,

vielen Dank für Ihr Angebot vom 24.08.2021 sowie die zugeschickten Prospekte und Preislisten.

Wir bestellen gemäß Angebot:
– 100 Fl. (0,75 l) Weißburgunder, Ilbesheimer Rittersberg, (Art.-Nr. 65), zu je € 4,50
– 100 Fl. (0,75 l) Riesling, Wollmesheimer Mütterle, (Art.-Nr. 73), zu je € 4,30
– 100 Fl. (0,75 l) Dornfelder, Ilbesheimer Pfaffengrund, (Art.-Nr. 25), zu je € 4,80

Preise pro Flasche zuzüglich € 0,50 für Pfand und Verpackung.

Wir bitten um Lieferung innerhalb von 4 Wochen frei Haus. Bei einer Bezahlung innerhalb von 2 Wochen ziehen wir 2 % Skonto ab.

Bitte senden Sie uns eine Auftragsbestätigung.

Mit freundlichen Grüßen

i. A. Murat Schwarzenfels

Restaurant Bamberger Schloss
Telefon: 0951 44963-10
E-Mail: murat.schwarzenfels@restaurant-bamberger-schloss.de
www.restaurant-bamberger-schloss.de

Schneewittchenallee 37
960147 Bamberg
Handelsregister HRB 1234 beim Amtsgericht Bamberg
USt.-IDNr. 1234567

Auftragsbestätigung durch ein Fachgeschäft

An: hanna.sofinski@postfach.de
CC: buchhaltung@telestar.net
Betreff: Ihre Bestellung vom 19.11.2021

Sehr geehrte Frau Sofinski,

vielen Dank für Ihre Bestellung bei Telestar vom 19.11.2021, die wir hiermit bestätigen:

Artikelnr.	Artikelbezeichnung	Einzelpreis (€)	Menge
8097897	NewView 4K Ultra HD TV 55 Zoll	569,00	1
567897	CC Wandhalterung für Flachbildschirme bis 55 Zoll	22,90	1
	Gesamtbetrag (inkl. 19 % MwSt.)	591,90	
	zzgl. Versandkosten	19,95	
		611,85 EUR	

Der voraussichtliche Liefertermin ist der 25.11.2021 vormittags. Unser Spediteur setzt sich wegen der Anlieferung telefonisch mit Ihnen in Verbindung.

Der volle Rechnungsbetrag ohne Abzug wird 14 Tage nach Eingang der Rechnung fällig. Die Ware bleibt bis zur vollständigen Bezahlung unser Eigentum.

Bitte beachten Sie unsere allgemeinen Verkaufs- und Lieferbedingungen.

Mit freundlichen Grüßen

i.A. Katharina Bali

Telestar KG
Telefon: +49 421 888995-21
E-Mail: katharina.bali@telestar.net
www.telestar.net

Schneewittchenallee 37
28207 Bremen
Handelsregister HRB 1234 beim Amtsgericht Bremen
USt.-IDNr. 1234567

Übungen

5) Auftrag von Herrn Leitzach: Ergänzen Sie.

Skonto – gemäß – Zahlung – Onlinekatalog – ~~Auftrag~~ – Dank – Angebot – Preis – Mehrwertsteuer

---

● ● ●

Betreff: (1.) *Auftrag* **/ Ihr Angebot vom 28.02.2022**

Sehr geehrter Herr Biene,

vielen (2.) _____ für Ihr (3.) _____ vom 28.02.2022 sowie für den Link

zum (4.) _____. Ich bestelle (5.) _____ Absprache:

Eine Küchengarnitur bestehend aus:

– 1 Küchentisch, Modell Allgäu, Art.-Nr. 456 zum

 (6.) _____ von 870 €

– 6 Küchenstühle, Modell Allgäu, Art.-Nr. 423 zum
 Gesamtpreis von 420 €

Alle Preise inklusive 19 % (7.) _____.

Vereinbart sind zudem 2 % (8.) _____ bei (9.) _____ innerhalb
von 14 Tagen.

Mit freundlichen Grüßen

Markus Leitzach

---

6) Schreibtraining

Sie sind eine Mitarbeiterin der Firma Maja und bestätigen Ihrer Kundin Frau Strauch eine Bestellung vom 12.08.2021 über 50 Fußbälle, Marke Accra (Art.-Nr. 076), zum Preis von EUR 30,–/Stück und über 1000 Tennisbälle (Art.-Nr. 165) zum Preis EUR 3,–/Stück inklusive Mehrwertsteuer. Liefertermin Mitte November. 2 % Skonto bei Bezahlung innerhalb von zwei Wochen gemäß der Verkaufs- und Lieferbedingungen.

G4 Reklamation

Reklamationen sind dann notwendig, wenn eine oder einer der Geschäftspartnerinnen oder Geschäftspartner an der Leistung oder Lieferung der anderen Partnerin oder des anderen Partners etwas zu beanstanden hat. Diese Mängel liegen in den meisten Fällen in der

- Art der Ware (Sie haben eine falsche Ware bekommen),
- Beschaffenheit (die Qualität der Ware weicht von der Qualität der bestellten Ware ab),
- Menge (Sie haben zu viel oder zu wenig bekommen),
- Qualität (Sie haben verdorbene oder beschädigte Ware erhalten).

Stellen Sie an einer Lieferung solche Mängel fest, sollten Sie sofort reklamieren. Ihre Beanstandung formulieren Sie am besten schriftlich, damit Sie bei einem eventuellen Rechtsstreit Unterlagen haben, die beweiskräftig sind. Beschreiben Sie die festgestellten Mängel möglichst genau. Machen Sie dann Ihre Ansprüche gegenüber der Lieferantin oder dem Lieferanten deutlich.

Eine Reklamation enthält folgende Informationen:

- Betreffzeile: Datum des Auftrags / Datum und Nummer der Lieferung / präzise Bezeichnung des Produkts oder der Dienstleistung
- genaue Mängelbezeichnung (z. B. betrifft der Mangel Art, Menge, Qualität?)
- Formulierung eigener Ansprüche (z. B. Ersatz, geringerer Preis?) oder
- Bitte an die Lieferantin oder den Lieferanten, Lösungsvorschläge zu machen
- Bitte, die Sache zu erledigen

Tipp
In der Geschäftskommunikation kommen häufig Nomen mit der Endung *-ung* vor: *Bezahlung, Bestellung*. Sie haben immer den Artikel *die*.

Mustertexte

Reklamation einer Bestellung

● ● ●

An: kundenservice@bluebiking.net

CC:

Betreff: Bestellung 25.10.2021 / Lieferung 30.11.2021 / Damenfahrrad „Beach Cruiser" (Art.-Nr. 2353)

Anhang: Schutzblech Pilzen.jpg

Sehr geehrte Damen und Herren,

vielen Dank für die schnelle Lieferung des Fahrrads mit der Art.-Nr. 2353.

Bei der Prüfung der Ware mussten wir leider feststellen, dass das Fahrrad einen Transportschaden erlitten hat. Das Schutzblech hinten hat auf der linken Seite eine deutlich sichtbare Delle. Ein Foto des Schadens habe ich beigefügt.

Wir sind bereit, das Fahrrad trotz dieses Schadens zu behalten, wenn Sie den Preis um 10 Prozent reduzieren. Wenn Sie einen Preisnachlass ablehnen, werden wir die Ware an Sie zurückschicken. In diesem Fall bitten wir Sie, das Fahrrad durch ein neues, unbeschädigtes Exemplar zu ersetzen.

Bitte teilen Sie uns baldmöglichst mit, ob Sie mit unserem Vorschlag einverstanden sind.

Mit freundlichen Grüßen

Dr. Daniela Pilzen

Ferienimmobilien Norden
Telefon: +49 4931 88899
E-Mail: daniela.pilzen@ferienimmo-norden.net
www.ferienimmo-norden.net

Windparkallee 37
26506 Norden
Handelsregister HRB 1234 beim Amtsgericht Norden
USt.-IDNr. 1234567

Reklamation eines Auftrags

An: potter@raumdesign-neuer.net

CC:

Betreff: Verlegung neuer Teppichböden / Unser Auftrag vom 25.07.2021

Anhang: Teppich_Keelson1.jpg   Teppich_Keelson2.jpg

Sehr geehrter Herr Potter,

Ihre Firma hat am 16.08.2021 in unseren Firmenräumen in der Dallmayerstr. 255 neue Teppichböden (65 qm) verlegt. Ihre Rechnungsstellung erfolgte dann am 22.08.2021.

Wir sind mit der Ausführung der Arbeiten aus folgenden Gründen nicht zufrieden (siehe auch Fotos im Anhang):

– Der Teppichboden ist teilweise nicht richtig verklebt und wellt sich an verschiedenen Stellen, sodass unsere Mitarbeiter darüber stolpern.
– An den Klebekanten lösen sich bereits Fäden ab.

Diese Situation ist in unseren repräsentativen Büros, die vor allem für Kundenbesprechungen genutzt werden, untragbar.

Wir schlagen daher vor, dass Sie sich persönlich ein Bild der Situation machen. Bitte rufen Sie uns unter 089 2345667 an und vereinbaren Sie einen Termin.

Wir werden die von Ihnen geforderten 850 Euro erst dann begleichen, wenn die angesprochenen Mängel behoben wurden.

Wir hoffen auf eine gütliche Einigung mit Ihrer Firma.

Mit freundlichen Grüßen

Dennis Keelson

Leiter Einkauf

Keelson Böden GmbH
Telefon: 089 44963-10
E-Mail: dennis keelson@keelson-böden.net
www.keelson-böden.net

Dallmayerstraße 255
80686 München
Geschäftsführer: Dennis Keelson, Sabine Müller
Handelsregister HRB 1234 beim Amtsgericht München
USt.-IDNr. 1234567

Übungen

7) Nützliche Wörter bei Reklamationen: Finden Sie das Nomen mit Artikel.

1. beanstanden
   die Beanstandung

9. prüfen
   _____

2. reklamieren
   _____

10. regeln
    _____

3. liefern
   _____

11. verpflichten
    _____

4. vorschlagen
   _____

12. einigen
    _____

5. kosten
   _____

13. beschädigen
    _____

6. beheben
   _____

14. bestätigen
    _____

7. ausführen
   _____

15. ersetzen
    _____

8. garantieren
   _____

16. übereinstimmen
    _____

8) Wie kann man die Sätze mithilfe von Verben anders ausdrücken?

1. Wir bitten um Ersatz der Ware.
2. Wir hoffen auf eine schnelle Lösung des Problems.
3. Wir sehen keine Verpflichtung, die Ware zurückzunehmen.
4. Wir hoffen auf eine gütliche Einigung.
5. Bei der Gewährung eines Preisnachlasses ...
6. Bitte schicken Sie uns eine Bestätigung der Rücksendung.
7. Wir schlagen eine Reduktion des Preises vor.

a) Wir schlagen vor, den Preis zu reduzieren.
b) Wir bitten, die Rücksendung zu bestätigen.
c) Wenn Sie uns einen Preisnachlass gewähren, ...
d) Wir bitten Sie, die Ware zu ersetzen.
e) Wir hoffen, dass wir das Problem schnell lösen können.
f) Wir hoffen, dass wir uns gütlich einigen können.
g) Wir sind nicht dazu verpflichtet, die Ware zurückzunehmen.

1	2	3	4	5	6	7
f						

9) Reklamation an Firma Drachental: Setzen Sie die Kommas.*

München 09.06.2022

Ihre Lieferung vom 08.06.2022
50 T-Shirts (Art.-Nr. 0135) / 50 T-Shirts (Art.-Nr. 2341)

Sehr geehrte Frau Drachental

wir danken für Ihre Lieferung die wir am 08.06.2022 erhalten haben. Leider müssen wir die Position mit der Art.-Nr. 0135 reklamieren. Sie haben uns nicht die gewünschte Menge geliefert und die Farben der gelieferten Ware stimmen nicht mit unserer Bestellung überein.

Wir haben 75 T-Shirts bestellt aber Sie haben uns nur 50 Stück geschickt. Außerdem haben wir die Ware in den Farben Blau Rot Grün und Weiß angefordert. Ihre Lieferung bestand jedoch aus grauen schwarzen braunen und gelben T-Shirts. Wir glauben nicht dass sich die Ware in diesen Farben gut verkaufen lässt und bitten daher um Ersatz.

Unser Vorschlag: Bitte liefern Sie uns bis spätestens 15.06.2022 die 75 T-Shirts mit der Art.-Nr. 0135 in den Farben die wir ursprünglich bestellt haben. Ihr Fahrer kann die fälschlich gelieferte Ware bei dieser Gelegenheit zurücknehmen.

Ist dies auch aus Ihrer Sicht eine Möglichkeit das Problem einvernehmlich zu regeln?

Mit freundlichen Grüßen

* Kommaregeln siehe Anhang Seite 125

G5 Rechnung, Zahlungserinnerung und Mahnung

Rechnung

Wenn Ihre Kundin oder Ihr Kunde die Ware oder Dienstleistung gemäß Auftrag erhalten hat, schreiben Sie eine Rechnung. In dieser ist festgehalten, welche Gegenleistung die Kundin oder der Kunde im Rahmen des Kaufvertrags zu erbringen hat, also wie viel Geld er oder sie bezahlen muss. Eine Rechnung muss alle wichtigen Angaben zur Ausstellerin oder zum Aussteller, Leistungsempfängerin oder Leistungsempfänger (Kundin oder Kunden), zur Leistung und zur Zahlung enthalten. Die Bestandteile der Rechnung sind rechtlich vorgeschrieben.*

Diese Pflichtangaben müssen auf Rechnungen stehen:

• Name und Adresse der Ausstellerin oder des Ausstellers
• Name und Adresse der Leistungsempfängerin oder des Leistungsempfängers (Kundin oder Kunden)
• Ausstellungsdatum
• Laufende Rechnungsnummer
• Beschreibung der gelieferten Gegenstände oder Umfang und Art einer Leistung
• Zeitpunkt der Lieferung
• Nettorechnungssumme und Gesamtbetrag inklusive Umsatzsteuer und Steuersatz
• Bankverbindung
• Steuernummer oder Umsatzsteuer-ID
• Bei Leistungen an einem Gebäude oder Grundstück muss auf Rechnungen an Privatpersonen auf die Aufbewahrungspflicht hingewiesen werden.**

Größere Firmen senden E-Rechnungen automatisiert direkt aus ihrer Finanzsoftware. Ansonsten werden Rechnungen in einem Schreib- oder Kalkulationsprogramm erstellt und können dann per Post oder in Form einer E-Mail mit PDF-Anhang verschickt werden. Bei elektronischem Versand muss zwischen den Vertragsparteien Einvernehmen bestehen, dass die Rechnung elektronisch übermittelt wird.

Rechnungen können in der Flut von E-Mails und Spams schon mal untergehen. Sollte die Empfängerin oder der Empfänger nicht auf Ihre E-Mail reagieren, kann es sinnvoll sein, eine Rechnung oder Zahlungserinnerung zusätzlich noch mit der Post zu versenden.

---

* Die Pflichtangaben sind in §14 Umsatzsteuergesetz (UstG) definiert.
** Mustertext: „Als Privatperson sind Sie gemäß § 14b Abs. 1 UStG verpflichtet, diese Rechnung mindestens zwei Jahre lang aufzubewahren. Die Aufbewahrungsfrist beginnt mit dem Beginn des nächsten Kalenderjahres."

Zahlungserinnerung und Mahnung

Wird eine Rechnung innerhalb der vereinbarten Frist nicht bezahlt, schicken Sie ein paar Tage später zuerst eine sogenannte Zahlungserinnerung.

Eine Zahlungserinnerung enthält folgende Angaben:

- Bezeichnung der gelieferten Ware oder der Dienstleistung
- Hinweis auf den noch ausstehenden Rechnungsbetrag
- Nummer und Datum der Rechnung, eventuell Rechnungskopie
- freundliche Aufforderung, die Sache zu überprüfen und die Rechnung zu bezahlen
- eventuell Hinweis: *Sollten Sie den Betrag bereits überwiesen haben, betrachten Sie dieses Schreiben bitte als gegenstandslos.*

Wenn die Rechnung nach dieser Erinnerung immer noch nicht beglichen wird, schicken Sie die erste Mahnung. Rechtlich gesehen genügt diese erste Mahnung im Falle eines Rechtsstreits vor Gericht bereits als Nachweis dafür, dass der Kunde seiner Zahlungsverpflichtung nicht nachgekommen ist.

Bestandteile der ersten Mahnung sind:

- Datum und Nummer der Rechnung mit Bezeichnung der gelieferten Ware oder der Dienstleistung
- Bezug auf die Zahlungserinnerung mit Datum und Fälligkeitstermin der Rechnung
- Ausstehende Summe und Zahlungsaufforderung
- Frist, bis wann der Betrag zu begleichen ist
- eventuell Angabe der anfallenden Mahngebühr
- Angabe der Bankverbindung
- eventuell Hinweis: *Sollten Sie den Betrag bereits überwiesen haben, betrachten Sie dieses Schreiben bitte als gegenstandslos.*

Wie viele Mahnungen Sie an eine Kundin oder einen Kunden verschicken, bevor Sie die Angelegenheit einer Rechtsvertretung übergeben, hängt davon ab, wie wichtig die Kundin oder der Kunde ist und wie viel Geduld Sie haben. Der Tonfall sollte von Mahnung zu Mahnung deutlicher, aber nicht unhöflich werden. Üblich ist, dass Sie ab der zweiten Mahnung auf die rechtlichen Folgen verweisen (Rechtsvertretung, Mahnbescheid etc.), falls der offene Betrag nicht innerhalb der gesetzten Frist bezahlt wird.

Für Mahnungen ist keine gesetzliche Form vorgeschrieben. Daher können sie telefonisch oder schriftlich per E-Mail oder Brief erfolgen. Aus Beweisgründen ist allerdings die Schriftform empfehlenswert.

Mustertexte

Rechnung

ELEKTRO WOLLNY

Ihr Zeichen: tau-wollny
Ihre Nachricht vom: 2021-07-14
Unser Zeichen: st-WOL

Elektro Wollny GmbH · Bayernweg 37 · 81579 München

Herrn
Thorsten Taucher
Tegernseer Str. 13
81379 München

Name: Marie Jordan
Telefon: 089 44963-10
E-Mail: marie.jordan@e-wollny.net

Datum: 2021-07-14

Rechnung Nr. 21-10101055

Ihre Kunden-Nr.:   55012
Ihre Bestellung vom: 2021-07-07
Lieferdatum: 2021-07-14

Menge	Artikelnr.	Artikelbezeichnung	Preis in Euro
1	8097897	NewView 4K Ultra HD TV 55 Zoll	569,00
1	567897	CC Wandhalterung für Flachbildschirme bis 55 Zoll	22,90
		Nettobetrag	519,90
		+ 19 % MwSt.	112,46
		Rechnungsbetrag	**704,36**

Bitte überweisen Sie den Rechnungsbetrag bis zum 28.07.2021 ohne Abzug.
Herzlichen Dank für Ihren Auftrag.

Elektro Wollny GmbH	Telefon: 089 44963-10	Volksbank München
Bayernweg 37	info@e-wollny.net	IBAN: DE00 3704 0044 0001 0001 31
81579 München	Internet: www.e-wollny.net	BIC: EEJJMDEMMXXXXX

Geschäftsführer: Josef Wollny
Sitz München   USt-IdNr. 1234567   HRB 1234   Amtsgericht München

Honorarrechnung

10.08.2021

Honorarrechnung 1834-21

Sehr geehrter Herr Taucher,

nochmals vielen Dank für Ihren Auftrag. Für unsere Beratung berechnen wir:

Beratung Existenzgründung	EUR	400,00
Erstellung Businessplan	EUR	850,00
Reisekosten	EUR	50,00
Nettobetrag	EUR	1.300,00
+ 19 % Umsatzsteuer	EUR	247,00
Rechnungsbetrag	**EUR**	**1.547,00**

Bitte überweisen Sie den Rechnungsbetrag bis zum 24.08.2021 ohne Abzug auf unser Konto bei der Commerzbank München.

IBAN: DE00 3704 0044 0001 0001 31
BIC: EEJJMDEXXXXX

Mit freundlichen Grüßen

Harry Schwarzingen

Zahlungserinnerung an eine Kundin

10. Mai 2022

Zahlungserinnerung

Sehr geehrte Frau Panda,

vielen Dank für Ihre Bestellung bei Telemaster. Bei der Durchsicht unserer Konten haben
wir festgestellt, dass Sie nachstehend aufgeführte Rechnung noch nicht beglichen haben:

Fernseher NewView 4K Ultra HD TV 55 Zoll
Rechnungsnr. TM23451/2022 vom 04.04.2022
fällig am 03.05.2022
Betrag: 567,00 EUR (inkl. MwSt.)

Wir bitten Sie um Überprüfung und Überweisung des fälligen Betrags bis zum
24.05.2022 auf das unten angegebene Konto. Sollten Sie die Zahlung bereits ver-
anlasst haben, betrachten Sie dieses Schreiben bitte als gegenstandslos.

Für Rückfragen stehen wir Ihnen unter 089 44963-10 zur Verfügung.

IBAN: DE00 3704 0044 0001 0001 31
BIC: EEJJMDEXXXXX

Mit freundlichen Grüßen

Telestar AG

Larissa Bärlauch

i. A. Larissa Bärlauch

Erste Mahnung wegen noch nicht erfolgter Zahlung

An: buchhaltung@lippspringe.net

CC:

Betreff: Erste Mahnung / Rechnung 780001/2021 und 780002/2021 vom 15.12.2021

Sehr geehrte Frau Fitzek,

für die unten angegebenen Posten konnten wir – trotz Zahlungserinnerung vom 18.01.2022 – bis heute noch keinen Zahlungseingang feststellen. Wir bitten Sie, die Aufstellung zu überprüfen und den Gesamtbetrag bis zum 08.02.2022 auf eines unserer Konten zu überweisen. Bitte geben Sie die Rechnungs- und Kundennummer als Verwendungszweck an.

Rechnungsnr.	Rechnungsdatum	Ware	Menge	Betrag
780001/2021	15.12.2021	Kopiergerät XX65	1	1 999,00
780002/2021	15.12.2021	Kopierpapier	10	50,00
		Summe fälliger Posten (inkl. MwSt. 19 %)		**EUR 2 049,00**
		Mahngebühr		**EUR 12,00**
		Gesamtbetrag		**EUR 2 061,00**

Sollten Sie den Betrag bereits beglichen haben, betrachten Sie dieses Schreiben bitte als gegenstandslos.

Mit freundlichen Grüßen

Fischbaubach Kopiersysteme
L. Hering

Übung

10) Mahnung an Frau Krauthof: Ergänzen Sie.

Verwendungszweck – Rechnungsdatum – überprüfen – Rechnungsnummer – Betrag – Rechnung – fällig – überweisen – Fragen (Pl.) – nachstehend – ~~Mahnung~~ – Durchsicht

---

29.01.2022

(1.) Erste _Mahnung_

Sehr geehrte Frau Krauthof,

bei der (2.) _____ unserer Konten haben wir festgestellt, dass Sie die (3.) _____ aufgeführte (4.) _____ in Höhe von 56,30 EUR bis heute nicht bezahlt haben:

– (5.) _____: VM1234/2020
– (6.) _____: 22.12.2021
– (7.) _____ am: 24.01.2022

Wir bitten Sie, dies zu (8.) _____ und den oben angegebenen (9.) _____ auf eines unserer Konten zu (10.) _____.

Bitte geben Sie die Rechnungsnummer als (11.) _____ _____ an.

Für eventuelle (12.) _____ stehen wir unter der Nummer 0221 34567 zur Verfügung.

Mit freundlichen Grüßen

Telestar AG

Massimo Mittenwald

i. A. Massimo Mittenwald

Anhang

Die deutsche Rechtschreibung im Überblick 122

Laut-Buchstaben-Zuordnung 122

Getrennt- und Zusammenschreibung 122

Schreibung mit Bindestrich 123

Groß- und Kleinschreibung 124

Worttrennung 125

Zeichensetzung 125

So schreibt man Zahlen 125

Wichtige Abkürzungen 126

Die deutsche Rechtschreibung im Überblick

Nachfolgend ein Auszug aus den Rechtschreibregeln. Sind mehrere Schreibweisen möglich, steht die von DUDEN empfohlen Schreibung vorn: Fantasie/Phantasie.

Laut-Buchstaben-Zuordnung

Drei gleiche Buchstaben
Treffen bei zusammengesetzten Wörtern drei gleiche Buchstaben aufeinander, schreibt man alle drei. Zur besseren Lesbarkeit kann ein Bindestrich gesetzt werden.
Kunststoffflasche/Kunststoff-Flasche, Schlusssatz/Schluss-Satz

s-, ss- und ß-Schreibung
Nach kurzem Vokal steht *ss*.
Schluss, dass, muss, bisschen
Nach langem Vokal und Diphthong steht *ß*, wenn der *s*-Laut hart und klanglos ist.
Straße, Gruß, dreißig, Strauß
Nach langem Vokal und Diphthong steht *s*, wenn der *s*-Laut weich und klingend ist.
Hase, lesen, reisen, Rasen

Einzelfälle
Aus verwandten Wörtern kann man oft ableiten, wie man ein Wort schreibt.
Tipp wie *tippen, nummerieren* wie *Nummer, platzieren* wie *Platz, rau* analog zu *blau, schlau*

Fremdwortschreibung
Die meisten Fremdwörter schreibt man unverändert.
Annonce, Ingenieur, Computer, Philosophie, Rhythmus

Einige häufige Fremdwörter gleichen sich nach und nach der deutschen Schreibung an. Dann sind beide Schreibweisen korrekt.
Joghurt/Jogurt, Exposé/Exposee, Portemonnaie/Portmonee
Die Verbindung *ph* kann in Wörtern mit den Wortbestandteilen *-phon, -phot, -graph* durch *f* ersetzt werden. In einigen Fällen hat sich die Schreibwiese mit *f* bereits durchgesetzt:
Mikrofon/Mikrophon, Fotokopie/Photokopie, Geografie/Geographie; Fantasie/Phantasie; Delfin/Delphin

Achtung: *Foto* nur mit *f.*
Fremdwörter mit der Endung *-tial* und *-tiell* kann man mit *-zial* und *-ziell* schreiben, wenn es ein verwandtes Wort mit *z* gibt.
essenziell/essentiell (wegen: *Essenz*), Differenzial/Differential (wegen: *Differenz*)

Getrennt- und Zusammenschreibung

Nomen und Verb
Verbindungen aus Nomen und Verb schreibt man normalerweise getrennt.
Auto fahren, Rad fahren, Briefe schreiben, Ski laufen
Man schreibt zusammen, wenn das Nomen als solches nicht mehr erkennbar ist. *leidtun (es tut mir leid), teilnehmen (sie nimmt teil)*
Auch untrennbare Zusammensetzungen werden zusammengeschrieben.
schlussfolgern (wir schlussfolgern), handhaben (er handhabt)
Verbindungen aus Nomen und Partizip kann man getrennt oder zusammenschreiben.
diensthabende/Dienst habende Ärztin (von: *Dienst haben*); *energiesparende/Energie sparende Maßnahmen* (von: *Energie sparen*).
Man schreibt nur zusammen, wenn gegenüber der Wortgruppe ein Artikel oder eine Präposition eingespart wird.
ausschlaggebendes Argument (von: **den** *Ausschlag geben, den* wird eingespart)

Adjektiv und Verb
Verbindungen aus Adjektiv und Verb schreibt man zusammen, wenn sich aus der Zusammensetzung eine neue Bedeutung ergibt.
großschreiben (mit großem Anfangsbuchstaben schreiben; etwas wichtig nehmen), *richtigstellen* (eine Aussage korrigieren), *gutschreiben* (einen Betrag auf dem Bankkonto verbuchen)
Aber: *gut schreiben* (schön oder korrekt schreiben)
Verbindungen aus Adjektiv und Verb können getrennt oder zusammengeschrieben werden, wenn das Adjektiv das Ergebnis einer Tätigkeit beschreibt.
die Teile klein schneiden/kleinschneiden, die Teile kaputt machen/kaputtmachen
Ist das Adjektiv zusammengesetzt oder erweitert, schreibt man jedoch nur getrennt.
hellrot färben, sehr klein schneiden, rötlich färben

Treffen die genannten Regeln nicht zu, schreibt man getrennt.
kritisch schreiben, herzlich grüßen, lang schlafen

Adjektiv und Adjektiv
Verbindungen mit einem einfachen Adjektiv als nähere Bestimmung kann man getrennt oder zusammenschreiben.
allgemeingültig/allgemein gültig, schwer verständlich/schwerverständlich, schwer krank/schwerkrank
Wenn das erste Adjektiv die Bedeutung des zweiten Adjektivs verstärkt oder mindert, schreibt man zusammen.
bitterkalt, dunkelrot, superklug

Verb und Verb
Verbindungen aus Infinitiv und Verb schreibt man getrennt.
spazieren gehen, schreiben lernen, telefonieren gehen
Getrennt- und Zusammenschreibung ist bei *kennenlernen/kennen lernen* korrekt.
Verbindungen aus Partizip und Verb schreibt man getrennt.
getrennt schreiben, geschenkt bekommen, dankend annehmen

Adverb und Verb
Verbindungen aus Adverb und Verb schreibt man zusammen, wenn der Hauptakzent auf dem Adverb liegt.
auseinandersetzen, wiedergeben, zusammensetzen
Wird auch das Verb betont, liegt eine Wortgruppe vor und man schreibt getrennt.
auseinander hervorgehen, wieder besuchen, zusammen ankommen
Wenn der erste Wortbestandteil nicht als eigenständiges Wort vorkommt, schreibt man zusammen.
abhandenkommen, innehalten, überhandnehmen, zunichtemachen, zurechtkommen.

Verbindungen mit sein
Verbindungen mit *sein* schreibt man getrennt.
an sein, beisammen sein, da sein, vorbei sein

Verbindungen mit irgend-
Verbindungen mit *irgend-* schreibt man zusammen.
irgendetwas, irgendjemand, irgendein, irgendwie
Erweiterungen mit *so* werden aber getrennt geschrieben.
irgend so ein, irgend so etwas

so, wie, zu
Wie viel, so viel und *zu viel* schreibt man getrennt.
Die Konjunktionen *soviel, sooft* und *soweit* schreibt man zusammen: *Soweit ich weiß, kommt er.*

Präposition und Nomen
Verbindungen aus Präposition und Nomen werden oft zusammengeschrieben, wenn das Nomen nicht mehr die ursprüngliche Bedeutung hat: *anhand, anstatt, infolge, inmitten.*
Verbindungen aus Präposition und Nomen kann man oft zusammen- oder getrennt schreiben.
anstelle/an Stelle, aufgrund/auf Grund, nach Hause/ nachhause, mithilfe/mit Hilfe
Achtung: *nur zu Hilfe*

Wochentag und Tageszeit
Verbindungen aus Wochentag und Tageszeit schreibt man zusammen.
am Montagmorgen, am Mittwochnachmittag, dienstagabends

Schreibung mit Bindestrich

Bindestrich zur Hervorhebung
Ein Bindestrich kann zur Hervorhebung einzelner Wortteile oder bei unübersichtlichen Zusammensetzungen stehen. Das gilt auch bei Fremdwörtern.
Ichsucht/Ich-Sucht, Sollstärke/Soll-Stärke, Umsatzsteuertabelle/Umsatzsteuer-Tabelle, Aircondition/ Air-Condition

Zusammensetzung mit Ziffer oder Buchstabe
Bei Zusammensetzungen mit Ziffern und Einzelbuchstaben steht ein Bindestrich.
18-Jähriger, 4-tägiges Seminar, T-Shirt, i-Punkt

Buchstabe oder Ziffer mit Nachsilbe
Bei Zusammensetzungen aus Buchstabe mit Nachsilbe steht ein Bindestrich. Bei Zusammensetzungen aus Ziffer und Nachsilbe steht kein Bindestrich.
zum x-ten Mal, n-fach; 50stel, 100%ig, 68er
Steht nach einer Ziffer mit Endung ein Wort, setzt man einen Bindestrich.
4er-Gruppe, 68er-Generation

Zusammengesetzte englische Fremdwörter
Ist der erste Teil ein Nomen oder Verb, kann man einen Bindestrich setzen.
Shoppingcenter/Shopping-Center, Handout/ Hand-out, Feedback/Feed-back

Ist der erste Teil ein Adjektiv, kann man zusammenschreiben, wenn das Adjektiv betont wird. Ansonsten gilt Getrenntschreibung.
Hotdog/Hot Dog, Longdrink/Long Drink
Aber nur: *Joint Venture, High Society, Hardware, Hotline*
Aneinanderreihungen schreibt man mit Bindestrich.
Do-it-yourself-Programm, Boogie-Woogie

Groß- und Kleinschreibung

Nomen in festen Verbindungen
Nomen, die mit Präpositionen einen festen Begriff bilden, schreibt man groß.
in Bezug auf, mit Bezug auf, außer Acht lassen
Nomen, die mit Verben fest verbunden sind, schreibt man groß, wenn man nicht zusammenschreiben muss.
Schuld haben, Angst machen, außer Acht lassen
Groß- und Kleinschreibung ist korrekt bei Verbindungen aus *Recht* und *Unrecht* mit den Verben *haben, behalten, bekommen, geben*.
Er hat recht/Recht. Sie haben unrecht/Unrecht.
Aber nur: *Du hast ja so recht, damit hat er völlig recht.*
Bei Verbindungen mit *sein* und *werden* schreibt man *angst, bange, recht* und *schuld* klein.
Er ist schuld. Mir wird angst. Das ist mir recht.

Tageszeiten
Tageszeiten nach *vorgestern, gestern, heute, morgen, übermorgen* schreibt man groß.
heute Morgen, gestern Abend, morgen Vormittag
Bei *früh* ist Groß- und Kleinschreibung korrekt:
Ich komme morgen früh/Früh.

Nominalisierte Ordnungszahlen
Nominalisierte Ordnungszahlen schreibt man groß.
als Erster, jeder Dritte, fürs Erste

Anredepronomen *du* und *ihr*
Die Anredepronomen *du* und *ihr* sowie die Possessivpronomen *dein* und *euer* werden im Allgemeinen kleingeschrieben. In Briefen und E-Mails kann auch großgeschrieben werden.
Ich möchte mich bei dir/Dir für das Geschenk bedanken; Ich möchte euch/Euch zum Hochzeitstag gratulieren.
Die Höflichkeitsform Sie und Ihr schreibt man groß.
Wir bedanken uns für Ihr Angebot.

Nominalisierte Adjektive
Nominalisierte Adjektive und nominalisierte Adjektive in festen Wendungen schreibt man groß.
der Einzelne, der Einzige, des Weiteren, im Allgemeinen, im Voraus, im Dunkeln tappen, auf dem Laufenden halten, alles Mögliche, auf ein Neues
Auch Paarformeln für Personen werden großgeschrieben.
Jung und Alt, Groß und Klein

Adjektive in festen Wendungen
In einigen festen Wendungen mit deklinierten Adjektiven ist Groß- und Kleinschreibung korrekt.
seit Langem/langem, seit Kurzem/kurzem, bis auf Weiteres/weiteres, von Neuem/neuem
Wendungen mit nicht deklinierten Adjektiven schreibt man klein.
gegen bar, zu eigen

Sprachbezeichnungen
Sprachbezeichnungen in Verbindung mit einer Präposition schreibt man groß.
auf Deutsch, in Englisch, zu Deutsch

Zahladjektive
Die Zahladjektive *viel, wenig, (der) eine, (der) andere* schreibt man klein. Sie können diese Wörter aber großschreiben, wenn Sie den nominalen Gebrauch betonen wollen.
Die einen/Einen wollen dies, die anderen/Anderen das.

Feste Begriffe und Eigennamen
Bestimmte Verbindungen mit neuer, übertragener Bedeutung können großgeschrieben werden.
das neue/Neue Jahr, die goldene/Goldene Hochzeit, das Goldene/goldene Zeitalter, das Schwarze/schwarze Brett, die Erste/erste Hilfe
Titel, Ehren- und Amtsbezeichnungen werden großgeschrieben:
Königliche Hoheit, Heiliger Vater, Regierender Bürgermeister

Von Namen abgeleitete Adjektive
Bildet man aus einem Namen ein Adjektiv mit *-isch* oder *-sch*, schreibt man klein.
brechtsche Gedichte, obamasche Reden
Auch Großschreibung mit Apostroph ist möglich:
Goethe'sche Gedichte, Obama'sche Reden

Worttrennung

Trennung von st
Die Buchstabenverbindung *st* wird getrennt.
Schwes-ter, Fens-ter, meis-tens, kos-ten

Keine Trennung von ck
Die Buchstabenverbindung *ck* trennt man nicht.
Zu-cker, De-cke, ba-cken, le-cker

Trennung von Zusammensetzungen
Wörter, die man nicht mehr als Zusammensetzungen erkennt, kann man nach Sprech- oder Sprachsilben trennen.
wa-rum/war-um, ei-nan-der/ein-an-der, in-te-res-sant/in-ter-es-sant

Keine Trennung einzelner Vokale
Einzelne Vokale am Wortanfang oder -ende trennt man – auch in Zusammensetzungen – nicht.
Abend, Som-mer-abend, Ra-dio, Bio-gas

Zeichensetzung

Komma bei Infinitiv- und Partizipgruppen
Bei Infinitiv- und Partizipgruppen kann ein Komma gesetzt werden.
Wir bemühen uns(,) die Verbindung schnellstmöglich aufzubauen.Er stand(,) den Strauß in der Hand haltend(,) neben der Rednerin.

Komma bei Datum
Bei Datumsangaben kann man das schließende Komma weglassen.
Sie kommt am Montag, den 9. Januar(,) nach Rom.

Ein Komma *muss* gesetzt werden
– nach der Ortsangabe in Briefen:
  Berlin, den 23.12.2021
  Hamburg, 31.12.2021
– nach der Briefanrede:
  Sehr geehrter Herr Schmitt,
– bei Aufzählungen ohne *und*:
  Wir liefern in folgenden Qualitäten: matt, seidenglänzend, hochglänzend.
– zwischen Haupt- und Nebensätzen:
  *Ich schlage vor**, dass** wir in drei Tagen liefern. Ich kann es nicht entscheiden**, aber** mein Chef wird die Sache übernehmen.*

– bei erweiterten Infinitiven, wenn sie mit *um, (an) statt, außer, ohne* eingeleitet sind:
  *Wir benötigen Ihre genaue Adresse**, um** die Waren zu liefern.*
  *Wir bezahlen die Rechnung**, ohne** erneut rückzu-fragen.*
– wenn der erweiterte Infinitiv von einem Nomen abhängt:
  *Wir sehen keine **Möglichkeit,** die Sache gütlich zu regeln. Es ist ein **Versuch,** das Problem zu lösen.*
– wenn der erweiterte Infinitiv von einem hinwei-senden Wort angekündigt wird:
  *Wir sind **dafür,** die Sache auf sich beruhen zu lassen.*
  *Wir freuen uns **darauf,** Sie nächstes Jahr wieder-zusehen.*

Ein Komma *kann* gesetzt werden
– bei erweiterten Infinitiven, wenn die drei oben genannten Fälle nicht zutreffen:
  Wir schlagen vor(,) die Ware zu ersetzen. Wir hoffen(,) neue Kunden zu gewinnen.

Komma bei Hauptsätzen
Bei gleichrangigen Hauptsätzen, die mit *und* bzw. *oder* verbunden sind, wird in der Regel kein Komma gesetzt. Es kann aber gesetzt werden, um die Gliederung des Satzes deutlich zu machen.
Hören Sie den Text(,) und schreiben Sie auf, was wichtig ist.
Sind Sie zufrieden(,) oder gibt es Kritikpunkte?

So schreibt man Zahlen

Dezimalzahlen werden mit einem Komma gekenn-zeichnet: *100,00 kg; 0,58 g; 474,78 CHF*

Zahlen mit mehr als drei Stellen gliedert man links und rechts des Kommas mit einem Leerschritt in 3-stellige Gruppen: *5 469 598,99 €; 0,588 37 g*

Bei 4-stelligen Zahlen ist auch das Schreiben ohne Zwischenraum üblich: *6 587 oder 6587*

Bei Geldbeträgen ist es üblich, Gliederungspunkte zu setzen: *9.875.480,00 €*

Bei Geldbeträgen in Worten schreibt man auch die Währung in Worten: *tausend Euro* (nicht: €)

Wichtige Abkürzungen

Bei Abkürzungen, die man als solche spricht, ist die Aussprache in Anführungszeichen angegeben: AG spricht man „A-ge". Abkürzungen ohne Aussprachehinweis werden nur geschrieben und als vollständiges Wort gesprochen: *bzw.* spricht man „beziehungsweise" (und nicht „be-zet-we").

& („und")
= Et-Zeichen (lateinisch), *nur bei Firmennamen:*
Mayer & Co.

AG („A-ge")
Aktiengesellschaft, Arbeitsgemeinschaft

Bcc
Blind carbon copy (englisch), *bedeutet: Blindkopie, für andere Empfänger nicht sichtbare Kopie im E-Mail-Verkehr*

BIC
bank identifier code (englisch), *bedeutet: Banken-Identifizierungsschlüssel*

bzw.
beziehungsweise

ca.
circa

c/o („tseh-o")
= care of (englisch), *bedeutet: wohnhaft bei*

Cc
Carbon copy (englisch), *bedeutet: Durchschrift, Kopie im E-Mail-Verkehr*

CHF
Währungscode für Schweizer Franken

DIN („Din")
Deutsche Industrie-Norm

d. h.
das heißt

etc.
et cetera, *bedeutet: und so weiter*

evtl.
eventuell

f./ff.
folgende (Seite)/folgende (Seiten)

EDV („E-de-fau")
elektronische Datenverarbeitung

EU („E-U")
Europäische Union

gez.
gezeichnet, *bedeutet: unterschrieben von*

GmbH („Ge-em-be-ha")
Gesellschaft mit beschränkter Haftung

ggf.
gegebenenfalls

i. A.
im Auftrag

IBAN
international bank account (englisch), *bedeutet: internationale Kontonummer*

IHK („I-ha-ka")
Industrie- und Handelskammer

i. V.
in Vertretung, in Vollmacht

KG („Ka-ge")
Kommanditgesellschaft

KW („Ka-we")
Kalenderwoche

lfd.
laufend, *z. B. laufender Monat*

lg/LG
Liebe Grüße

m. E.
meines Erachtens

MfG
Mit freundlichen Grüßen

MwSt./Mw.-St.
Mehrwertsteuer

o. Ä.
oder Ähnliche(s)

OHG („O-ha-ge")
Offene Handelsgesellschaft

PLZ
Postleitzahl

pp./ppa.
per procura, *steht in Geschäftsbriefen vor der Unterschrift oder der maschinenschriftlichen Wiedergabe des Namens und bedeutet: der Unterschreibende hat geschäftliche Vertretungsmacht*

PR („Pe-er")
Public Relations (englisch), *bedeutet: Öffentlichkeitsarbeit*

s.
siehe

S.
Seite

s. o.
siehe oben

s. u.
siehe unten, siehe unter

Tel.
Telefon

U. A. w. g./u. A. w. g.
Um (*oder:* um) Antwort wird gebeten

u. a.
und andere, unter anderem

u. Ä.
und Ähnliches

vgl.
vergleiche

usw.
und so weiter

z. B.
zum Beispiel

z. H./z. Hd.
zu Händen

zz./zzt.
zurzeit

Nach Abkürzungen, die man als vollständiges Wort spricht, steht meistens ein Punkt (Ausnahmen: *MfG, lg/LG, PLZ, CHF*). Die abgekürzten Wörter werden wie die zu sprechenden Wörter durch jeweils ein Leerzeichen getrennt: *z. B.* (man spricht: „zum Beispiel").

Nach Abkürzungen, die als solche gesprochen werden, steht kein Punkt: *EDV* (man spricht: „E-de-fau").

Lösungen

A   Das 1×1 der Korrespondenz

1) 2. ausführen; 3. untersuchen; 4. prüfen;
5. gelten; 6. erwägen; 7. berechnen;
8. beweisen; 9. mitteilen; 10. versandt/
versendet werden

2) 2. Veranstaltung; 3. Höhepunkt; 4. Be-
sprechung; 5. Neuigkeiten; 6. sich erholen;
7. Benutzer; 8. Kinder; 9. sich verpflichten;
10. leicht; 11. absagen; 12. Büro

B   Briefe schreiben nach DIN 5008

1) 1.; 2.; 4.

2) 2.; 3.; 4.; 6.

3) 2.; 4.; 6.; 8.; 9.; 10.

4) **Formale Fehler und Fehler bei der
Zeichensetzung:**

Adressfeld: Die Angabe *z. Hd.* ist nicht
mehr üblich. Zwischen der Angabe der
Straße und der Angabe von Postleitzahl
und Ort wird keine Leerzeile gesetzt.

Datum: Die korrekte Schreibweise des
Datums ist entweder *2021-07-18* oder
18.07.2021.

Betreffzeile: Die Betreffzeile setzt man fett.
Am Ende des Betreffs steht kein Punkt.

Anrede: Bei Neukunden verwendet man
eine neutrale Anrede: *Sehr geehrte Frau Stix,*
Nach der Anrede wird üblicherweise kein
Ausrufezeichen, sondern ein Komma gesetzt.

Grußformel: Nach *Mit freundlichen Grüßen*
setzt man kein Komma.

Anlagen: Nicht mehrere Hervorhebungen auf
einmal. Also „*NaturTüren*" nicht fett.

Orthografische Fehler: Nach dem Komma
in der Anrede schreibt man klein, wenn kein
Wort folgt, das großgeschrieben werden
muss: *Sehr geehrte Frau Stix, vielen …*
Weitere Fehler: *für Ihre Anfrage; Mit
freundlichen Grüßen* (nur in der Schweiz ist
ss richtig)

C   E-Mail-Korrespondenz und Messenger-
nachrichten

1) **Cc:** 2.; 3.; **Bcc:** 4.

2) 2. ärgerlich; 3. cool; 4. normal; 5. witzig;
6. nicht gut; 7. interessant

D   Verträge: Kündigung und Widerruf

1) 1.; 3.; 5.

2) 2. 31. August 2018; 3. Sehr geehrte Frau
Fischer; 4. kündige; 5. Mietvertrag;
6. fristgerecht; 7. 30. April 2022; 8. Termin;
9. Schlüsselübergabe; 10. Grüßen

3) 1.; 3.; 5.

4) **Beispiellösung:**

**Kündigung des Mietvertrags vom 1. April
2016
2-Zimmer-Wohnung in Frankfurt,
Einsteinstraße 13b**

Sehr geehrte Frau Schmidt,
sehr geehrter Herr Schmidt,

hiermit kündige ich meinen Mietvertrag vom
1. April 2016 fristgerecht zum 30. November
2021. Der Grund für die Kündigung: Ich ziehe
beruflich nach Berlin um.

Mit freundlichen Grüßen

…

20.08.2021

5) 2. d); 3. e); 4. a); 5. c)

6) 2. 10.11.2021; 3. Kundennummer;
4. Reisebüro; 5. Reise; 6. Widerrufsrecht;
7. Gebrauch; 8. Grund; 9. Vergleich; 10. Preis;
11. Bestätigung; 12. Dank

7) **Beispiellösung:**

Betreff:
Widerruf des Kaufvertrags vom
04.09.2021 – Kundennummer: 34345

Sehr geehrte Damen und Herren,

vielen Dank für die schnelle und pünktliche
Lieferung des Notebooks der Marke
„Santander". Leider wurde das Gerät am
10.09.2021 beschädigt geliefert.

Ich mache daher hiermit von meinem
Widerrufs- und Rückgaberecht Gebrauch.
Bitte bestätigen Sie meinen Widerruf und
senden Sie mir ein Rücksendeetikett für den
Rückversand.

Für Ihre Bemühungen schon im Voraus vielen
Dank.

Mit freundlichen Grüßen

E Bewerbung und Lebenslauf

1) 2. Ausbildungsplatz; 3. Webseite; 4. Berufspraktikum; 5. Wunschberuf; 6. Aufgabenbereich; 7. Kauffrau für Büomanagement;
8. Unternehmen; 9. Mittleren Reife;
10. Kommunikation; 11. Wort; 12. Sprachkenntnisse; 13. Team; 14. Einladung; 15.
Vorstellungsgespräch; 16. Probearbeiten

2) 2. f); 3. a); 4. c); 5. b); 6. d)

3) **Checkliste Bewerbungsanschreiben**

Ihr Schreiben sollte folgende Informationen
enthalten:

- Ihre Adresse, die Anschrift des Unternehmens

- Datum, Betreffzeile *(Bewerbung als …)*

- genaue Anrede (möglichst Name des
Ansprechpartners erfragen, sonst *Sehr
geehrte Damen und Herren*)

- Einleitungssatz (soll *Aufmerksamkeit
erregen und genau auf das Stellenangebot
angepasst sein*)

- Für die Stelle wichtige Fähigkeiten
herausstellen und mit Beispielen belegen

- Beschreibung Ihrer Qualifikationen und
Erfahrungen (Gründe für Ihre Eignung)

- Zeigen, dass persönliche Ziele zu denen
des Unternehmens passen, Stärken zum
Ausdruck bringen

- Abschlusssatz, dass Sie sich auf ein
Vorstellungsgespräch freuen

- Gruß am Textende, handschriftliche
Unterschrift, Aufzählung der Anlagen

4) 2. Nachname; 3. Geburtsdatum und -ort;
4. in; 5. Anschrift; 6. E-Mail; 7. Familienstand;
8. Berufserfahrung; 9. Bildungsweg;
10. Kenntnisse und Fähigkeiten; 11. Sprachkenntnisse; 12. IT-Kenntnisse; 13. Hobbys

5) **Fehler im Lebenslauf:**

Formale Fehler:
Überschrift „Lebenslauf" fehlt. Schriftgröße
bei „Farinelli-Grundschule, München" und
„10/2010–07/2013" zu klein. Abstände
zwischen Überschriften und Text nicht
einheitlich. Zeitangaben nicht einheitlich (mal
mit Bis-Strich, mal mit „bis", mal mit
Monatsangabe, mal ohne). Striche zur
Abgrenzung zwischen den Themen nicht an
allen Stellen gesetzt. Unterschrift fehlt.

Persönliche Daten: Es fehlen: Geburtsdatum und -ort, Anschrift. Die E-Mail-Adresse
„lele_frosch" sollte bei Bewerbungen nicht
verwendet werden.

Reihenfolge: Wenn man schon einige Jahre Berufserfahrung hat, erfolgen die Angaben chronologisch absteigend, also beginnend mit der neuesten Berufserfahrung, dann die Schulbildung in absteigender Reihenfolge.

Bildungsweg: Abiturnote nicht aufführen. Im Lebenslauf sollte nur eine sehr gute Abschlussnote explizit erwähnt werden. (Sie steht ja im Abiturzeugnis.)

Berufserfahrung: Die Beschreibung der Aufgaben fehlt. Was waren ihre Aufgaben als Verwaltungsmitarbeiterin? Welche Aufgaben hat sie bei ihrer derzeitigen Tätigkeit?

Lücken im Lebenslauf: Was hat sie in den Monaten nach Abschluss ihrer Ausbildung gemacht? Was war zwischen September und Dezember 2019?

Kenntnisse und Fähigkeiten: Wie gut sind die Englischkenntnisse? (z. B.: Grundkenntnisse, gut, sehr gut, verhandlungssicher). Angaben zu PC-/IT-Kenntnissen fehlen; sollten in ihrem Berufsfeld aufgeführt werden.

Hobbys und Interessen: Maximal 3 bis 4 relevante Hobbys aufführen, also nicht „Fernsehen" und „Kino".

6) **Checkliste Lebenslauf**

- gute Lesbarkeit, gängige Schrift (11 bzw. 12 Punkt)

- nicht mehr als zwei Seiten Umfang

- nicht mehr als 30 Zeilen pro Seite

- Zeilenabstand einzeilig, Überschriften fett

- Berücksichtigung folgender Punkte (wenn vorhanden): persönliche Angaben, Berufserfahrung, Bildungsweg (Schule, Ausbildung, Studium), Kenntnisse und Fähigkeiten (Sprach- und IT-Kenntnisse), eventuell Hobbys und sonstige Interessen

- genaue Zeitangaben: 01/2019–12/2021

- Ort, Datum, handschriftliche Unterschrift

F **Private Briefe und E-Mails**

1) 2. d); 3. c); 4. e); 5. b); 6. a)

2) 2. ziehen … ein; 3. laden … ein; 4. mich freuen; 5. mitbringen; 6. könntest; 7. ist … willkommen; 8. sag … Bescheid; 9. kommen, 10. könnt; 11. genügt

3) **Beispiellösung (Sie-Form):**

Lieber Herr …,

ich lade Sie ganz herzlich zu einer Nachbarschafts-Grillparty in meinem Garten ein.
Sie findet statt:
am Samstag, den 18. Juni 2022, ab 18 Uhr in meinem Garten.
Für Getränke, Steaks und Würstchen ist gesorgt. Schön wäre es, wenn Sie einen Salat fürs Buffet mitbringen könnten.

Herzliche Grüße

…

Bitte sagen Sie mir bis zum 27. Mai Bescheid, ob Sie kommen können. Tel. 0345 222222

Beispiellösung (Du-Form):

Lieber …,

ich lade Dich/dich ganz herzlich zu einer Nachbarschafts-Grillparty in meinem Garten ein.

Sie findet statt:
am Samstag, den 18. Juni 2022, ab 18 Uhr.

Für Getränke, Steaks und Würstchen ist gesorgt. Ich würde mich freuen, wenn Du/du einen Salat fürs Buffet mitbringen könntest.

Herzliche Grüße
…

Bitte gib mir bis zum 27. Mai Bescheid, ob Du/du kommen kannst. Tel. 0345 222222

4) 2. Ihr; 3. Sie; 4. uns; 5. wir; 6. uns; 7. Sie; 8. sich; 9. Ihres; 10. uns

5) 2. Euer/euer; 3. Ihr/ihr; 4. uns; 5. wir; 6. uns; 7. Ihr/ihr; 8. Euch/euch; 9. Eures/eures; 10. uns

6) **Beispiellösung:**

Liebe …,

über die nette Einladung zu Deinem/deinem Geburtstagsfest habe ich mich sehr gefreut. Ich sage gerne zu und freue mich auf das Fest.

Herzliche Grüße

Dein(e) …

7) 2. g); 3. e); 4. d); 5. h); 6. f); 7. j); 8. a); 9. i); 10. b)

8) 2. Frau; 3. Dank; 4. Einladung; 5. Vorstellungsgespräch; 6. Stelle; 7. Termin; 8. Zeit; 9. Ausland; 10. Termin; 11. Datum; 12. Gruß

9) **Beispiellösung:**

Lieber Herr Fischer,

über die herzliche Einladung zu Ihrem 50. Geburtstag habe ich mich sehr gefreut. Gerne hätte ich diesen besonderen Tag mit Ihnen gefeiert.

Leider kann ich nicht zur Ihrer Feier kommen, da ich an diesem Tag einen geschäftlichen Termin in Hamburg habe, den ich nicht verschieben kann.

Ich wünsche Ihnen ein gelungenes Fest mit lieben Gästen und vielen Geschenken. Wenn ich wieder in Günzburg bin, komme ich persönlich zum Gratulieren vorbei.

Mit den besten Grüßen

10) 2. die Gratulation; 3. das Geschenk; 4. die Freude; 5. die Hoffnung; 6. der Gruß; 7. die Feier

11) Lieber Herr Buschkühle,

wir gratulieren **Ihnen** ganz herzlich zu **Ihrem** 50. Geburtstag und wünschen **Ihnen** alles Liebe und Gute für **Ihre** Zukunft, vor allem Erfolg im Beruf und Gesundheit.

Wir schätzen **Sie** als guten Kollegen und hoffen, dass unser gutes Team noch viele Jahre zusammenarbeiten kann.

Hoffentlich gefällt **Ihnen** das Geschenk, das wir gemeinsam für **Sie** ausgesucht haben – ein neuer Fußball für **Ihr** Hobby.

Mit den besten Grüßen

Ihre Kollegen aus der Buchhaltung

12) 2. gratuliere; 3. wünsche; 4. bleiben; 5. wünsche, 6. zurückdenken; 7. hoffe; 8. sich … freuen

13) L**iebe** A**nna**,

lieber M**ichael**,

herzlichen G**lückwunsch** zur G**eburt** E**ures**/eures S**ohnes** T**imo**.

W**ir** freuen uns sehr, dass E**uer**/euer großer W**unsch** in E**rfüllung** gegangen ist und I**hr**/ihr nun endlich eine kleine F**amilie** seid.

G**enießt** die kostbare Z**eit** mit dem neuen E**rdenbürger** – die K**inder** werden so schnell groß!

F**alls** I**hr**/ihr in Z**ukunft** einen B**abysitter** braucht, dann stehen wir E**uch**/euch gerne zur V**erfügung**.

W**ir** hoffen, dass E**uch**/euch unser kleines G**eschenk** für T**imo** F**reude** bereitet. W**ir** haben als E**ltern** die E**rfahrung** gemacht, dass man am A**nfang** nie genug S**trampelanzüge** haben kann.

A**lles** L**iebe** und G**ute** für die Z**ukunft**

E**ure**

G**ärtners**

14) **Beispiellösung:**

Liebe Alina, lieber Mirko,

herzlichen Glückwunsch zur Geburt Eurer Tochter Lilli!

Ich freue mich mit Euch, dass Ihr nun eine kleine Familie seid. Genießt die kostbare Zeit mit Eurer Tochter!

Falls Ihr in Zukunft einen Babysitter für Lilli braucht, dann könnt Ihr gerne bei mir nachfragen.

Hoffentlich gefällt Euch das Kuscheltier, das ich für Lilli gekauft habe.

Mit den besten Wünschen für die Zukunft

Eure/Euer …

15) 2. g); 3. e); 4. b); 5. c); 6. d); 7. a)

16) **Beispiellösung:**

Sehr geehrte Frau Gerhardt,

herzliche Grüße zu Weihnachten und alles Gute für das neue Jahr!

Ich möchte mich auf diesem Wege ganz herzlich für die gute und erfolgreiche Zusammenarbeit bedanken. Wir freuen uns auf das kommende Jahr und planen, mit Ihnen zusammen wieder neue Projekte in Angriff zu nehmen.

Für das neue Jahr wünsche ich Ihnen Glück, Erfolg und vor allem Gesundheit.

Ihnen und Ihrer Familie friedliche Weihnachtstage

Ihr(e) …

17) B

18) 2. Krankheit; 3. Weihnachten/Neujahr; 4. Todesfall; 5. Geburtstag; 6. Ostern; 7. Geburt eines Kindes; 8. Absage; 9. Hochzeit

G **Geschäftskorrespondenz**

1) 2. Geschäftspartner; 3. Gestaltung; 4. empfohlen; 5. Internetauftritt; 6. Firmen-Website; 7. Produktpalette; 8. Überarbeitung; 9. Angebot; 10. Termin; 11. Voraus

2) 2. b); 3. f); 4. a); 5. d); 6. j); 7. k); 8. c); 9. h); 10. g); 11. i)

3) 2. die Frist; 3. der Termin; 4. der/das Skonto; 5. die Versandkosten; 6. die Zahlungsbedingungen; 7. frei Haus; 8. der Auftrag; 9. der/das Prospekt

4) **Mögliche Reihenfolge:**

m) Sehr geehrte Frau Grüner,

h) wir bedanken uns herzlich für Ihr Interesse an unserem Esszimmer-Programm.

g) Nachstehend erhalten Sie unser Angebot:

j) Eine Esszimmergarnitur, bestehend aus

f) – 1 Esstisch, 120 x 180 cm: EUR 980,–

n) – 6 Küchenstühlen (pro Stuhl EUR 99,–): EUR 594,–

l) Gesamtbetrag: EUR 1.574,–

b) Alle Preise inklusive 19 % Mehrwertsteuer.

i) Das Angebot ist gültig bis zum 31. Mai 2022.

d) Bitte beachten Sie unsere Liefer- und Zahlungsbedingungen.

k) Mit freundlichen Grüßen

a) Martin Preussham

Möbelhaus Neuhaus

e) PS: Für telefonische Rückfragen stehen wir unter 089 234537988 zur Verfügung.

5) 2. Dank; 3. Angebot; 4. Onlinekatalog;
5. gemäß; 6. Preis; 7. Mehrwertsteuer;
8. Skonto; 9. Zahlung

6) **Beispiellösung:**

Ihre Bestellung vom 12.08.2021

Sehr geehrte Frau Strauch,

wir danken Ihnen für Ihre Bestellung vom
12.08.2021 und bestätigen Ihren Auftrag
gemäß unseren Verkaufs- und Lieferbedingungen wie folgt:

– 50 Fußbälle, Marke Accra (Art.-Nr. 076),
zum Preis von EUR 30,-/Stück

– 1000 Tennisbälle (Art.-Nr. 165) zum Preis
von EUR 3,-/Stück.

Die Preise verstehen sich inklusive Mehrwertsteuer.

Liefertermin ist wie vereinbart Mitte
November 2021.

Wir gewähren 2 % Skonto bei Bezahlung
innerhalb von zwei Wochen.

Mit freundlichen Grüßen

i. A. ...

Fa. Maja

7) 2. die Reklamation; 3. die Lieferung;
4. der Vorschlag; 5. die Kosten (Pl.);
6. die Behebung; 7. die Ausführung;
8. die Garantie; 9. die Prüfung;
10. die Regelung; 11. die Verpflichtung;
12. die Einigung; 13. die Beschädigung;
14. die Bestätigung; 15. der Ersatz;
16. die Übereinstimmung

8) 2. e); 3. g); 4. f); 5. c); 6. b); 7. a)

9) München, den 09.06.2022

Ihre Lieferung vom 08.06.2021

**50 T-Shirts (Art.-Nr. 0135) / 50 T-Shirts
(Art.-Nr. 2341)**

Sehr geehrte Frau Drachental,

Wir danken für Ihre Lieferung, die wir am
08.06.2022 erhalten haben. Leider müssen
wir die Position mit der Art.-Nr. 0135
reklamieren. Sie haben uns nicht die
gewünschte Menge geliefert(,) und die
Farben der gelieferten Ware stimmen nicht
mit unserer Bestellung überein.

Wir haben 75 T-Shirts bestellt, aber Sie
haben uns nur 50 Stück geschickt. Außerdem
haben wir die Ware in den Farben Blau, Rot,
Grün und Weiß angefordert. Ihre Lieferung
bestand jedoch aus grauen, schwarzen,
braunen und gelben T-Shirts. Wir glauben
nicht, dass sich die Ware in diesen Farben
gut verkaufen lässt, und bitten daher um
Ersatz.

Unser Vorschlag: Bitte liefern Sie uns bis
spätestens 15.06.2022 die 75 T-Shirts mit der
Art.-Nr.0135 in den Farben, die wir ursprünglich bestellt haben. Ihr Fahrer kann die fälschlich gelieferte Ware bei dieser Gelegenheit
zurücknehmen.

Ist dies auch aus Ihrer Sicht eine Möglichkeit,
das Problem einvernehmlich zu regeln?

Mit freundlichen Grüßen

10) 2. Durchsicht; 3. nachstehend; 4. Rechnung;
5. Rechnungsnummer; 6. Rechnungsdatum;
7. fällig; 8. überprüfen; 9. Betrag; 10. überweisen; 11. Verwendungszweck; 12. Fragen

Notizen

Quellenverzeichnis

Cover, Rücktitel: © Getty Images/iStock/PeopleImages

Fotos Innenteil:

S. 56, 58: Avatare © Getty Images/iStock/ApoevAndrey

S. 66: Illustration Blätter © Thinkstock/iStock/Olga Korshunova, Illustration Füße © Abundzu – stock.adobe.com

S. 72: Illustrationen Ornament und Blume © Getty Images/DigitalVision Vectors/vreemous

S. 81: Illustration Füße © Abundzu – stock.adobe.com

S. 82: Illustration Blume © Getty Images/DigitalVision Vectors/vreemous

S. 83: Illustration Fußball © Getty Images/iStock/moonmusician

Bildredaktion:

Cornelia Hellenschmidt, Hueber Verlag, München

Weiterführende Literatur

Antidiskriminierungsstelle des Bundes (o. J.): *Frau – Mann – Divers: Die „Dritte Option" und das Allgemeine Gleichbehandlungsgesetz.* Verfügbar unter: https://www.antidiskriminierungsstelle.de/DE/ThemenUndForschung/Geschlecht/Dritte_Option/Dritte_Option_node.html [05.01.2021]

Bundesministerium der Justiz und für Verbraucherschutz: *Umsatzsteuergesetz (UstG) § 14 Ausstellung von Rechnungen.* Verfügbar unter: https://www.gesetze-im-internet.de/ustg_1980/__14.html [12.01.2021]

Brandt, Matthias (2020): *Die perfekte Bewerbung: Wie Sie durch erfolgreiche Kommunikation, effektive Rhetorik und Tricks aus der Psychologie Schritt für Schritt Ihren Traumjob bekommen – Der Bewerbungsratgeber für Gewinner!* Hamburg: Löwenstein Media

Büntemeyer, L.; Schönwitz, D./impulse.de (2017): *Diese Angaben dürfen auf Rechnungen nicht fehlen.* Verfügbar unter: https://www.impulse.de/recht-steuern/rechtsratgeber/pflichtangaben-rechnungen/1022533.html [12.01.2021]

DIN Deutsches Institut für Normung e. V. (Hrsg.) (2020): *Schreib- und Gestaltungsregeln für die Text- und Informationsverarbeitung. Unkommentierte Ausgabe der DIN 5008:2020 im Sonderdruckformat.* Berlin/Wien/Zürich: Beuth Verlag

DUDEN online. Verfügbar unter: www.duden.de

Duden.de (o. J.): *Geschlechtergerechter Sprachgebrauch.* Verfügbar unter: https://www.duden.de/sprachwissen/sprachratgeber/Geschlechtergerechter-Sprachgebrauch [05.01.2021]

Freund, Uwe (2021): *DIN 5008 kompakt. Die wichtigsten Regeln und Änderungen auf einen Blick.* Berlin/Wien/Zürich: Beuth Verlag

Freund, Uwe (2021): *Korrekt schreiben nach DIN 5008 für dummieS.* Weinheim: Wiley-VCH

Genderleicht.de (o. J.): *Genderleicht schreiben.* Verfügbar unter: https://www.genderleicht.de/schreibtipps/ [05.01.2021]

Genderleicht.de (o. J.): *Wörterbuch.* Verfügbar unter: https://www.genderleicht.de/woerterbuch/ [05.01.2021]

König, Peter (2020): *Die perfekte Bewerbung: Hol dir endlich deinen Traumjob.* Hilchenbach: Selbstverlag

Presseportal (2020): *Studie: E-Mail ist bevorzugter Kanal für Kommunikation mit Unternehmen.* Verfügbar unter: https://www.presseportal.de/pm/16356/4774475 [05.01.2021]

Steinhauer, Dr. Anja; Werlin, Dr. Josef (2011): *DUDEN. Das Wörterbuch der Abkürzungen.* Mannheim/Zürich: Dudenverlag

Stephan, Ingrid (2020): *Duden. Briefe, E-Mails und Kurznachrichten gut und richtig schreiben. Berufliche und private Kommunikation verständlich und korrekt gestalten.* Berlin: Dudenverlag

Stang, Christian; Steinhauer Dr. Anja; Dudenredaktion (2011): *Komma, Punkt und alle anderen Satzzeichen.* Mannheim/Zürich: Dudenverlag

Unger, Angelika/impulse.de (2017): *Diese Angaben dürfen auf Ihrer Korrespondenz nicht fehlen.* Verfügbar unter: https://www.impulse.de/recht-steuern/rechtsratgeber/pflichtangaben-geschaeftsbriefe/2433590.html [05.01.2021]

Valeš, Katalin (2019): *Neutral texten geht auch.* Verfügbar unter: https://www.genderleicht.de/neutral-texten-geht-auch/ [01.03.2021]

working@office (2019): *Anhang in einer E-Mail versenden – inkl. Muster.* Verfügbar unter: https://www.workingoffice.de/musterbriefe/anhang-versenden/ [05.01.2021]

working@office (2019): *Geschäftsbriefe: Ihr Kommunikationsmittel im geschäftlichen Schriftverkehr.* Verfügbar unter: https://www.workingoffice.de/geschaeftsbriefe/ [05.01.2021]

working@office (2019): *Korrespondenz im Büro: Was Sie beim beruflichen Schriftverkehr beachten sollten.* Verfügbar unter: https://www.workingoffice.de/korrespondenz/ [05.01.2021]